池田大作の「人間性社会主義」

村岡 到

ロゴス

まえがき

七月二一日投開票の参議院選挙の結果は、政権与党が過半数（非改選と合わせて一二三議席）を突破したが、憲法改悪に必要な三分の二（一六四議席）にわずか四議席とはいえ不足し、安倍晋三首相が狙う壊憲に大きなブレーキを掛けることになった。公明党は改選一一議席を三つ伸ばし、合計二八議席となり、過去最多と並び、二三日の「公明新聞」では横に「参院公明、最多28議席に」、縦に「7選挙区完勝、比例7　与党71議席　改選過半数を獲得」と大きな見出しを打ち、「党声明」では「わが党の大勝利」と誇っている。

自民党が七議席も減らし、単独過半数を失ったので、公明党の位置はさらに重みを増すことになった。しかし、「公明新聞」一面ではまったく触れていないが、得票数を見ると、前回よりも約一〇四万票（約一四％）減らしている。日本共産党は一五二万票（約二五％）も減らしていて、それよりは酷くはないが、退潮傾向ははっきりしている。

安倍首相が狙う壊憲については、「慎重な姿勢」を保持しているが、緊急に浮上したホルムズ海峡「有志連合」参加問題についてどういう態度を取るのか、厳しい選択を迫られている。

自公連立政権が二〇年目を迎え、「政権の安定に不可欠」と強調しているが、急成長の時代は去り、退潮傾向が露わになりつつあるなかで、公明党はどうなるのか。支持母体である創価学会の動向と合わせて注視しなくてはならない。

私は、一九六〇年の安保闘争の時に高校二年生で田舎のデモに参加していらい、長いあいだ、新左翼の活動家として社会主義を希求してきた。一九七八年に「日本共産党との対話」「内在的批判」を提起し、いらい共産党については目配りしてきたが、創価学会を視野に入れることはほとんどなかった。接点もまったくなかった。通勤経路に選挙になると公明党のポスターを張り出す商店があり、そこの主人がいつも道路を綺麗に清掃していて、行き帰りに挨拶する程度であった。一昨年（二〇一七年）、「創共協定」（創価学会と日本共産党との合意についての協定）をテーマにして勉強し、「『創共協定』の歴史的意義とその顛末」を発表した。この論文など、宗教と社会主義に関する論文を集めて、『「創共協定」とは何だったのか』（社会評論社）を同年に刊行した。

それで創価学会についてもその動向を少し知ることになった。一番にビックリしたことは、創価学会のトップ池田大作氏（今年九一歳）が「宗教とマルキシズムとの共存は文明的課題だ」と、一九七五年七月に日本共産党の宮本顕治委員長との対談で語っていたことであり、一九六四年に創成された公明党は、その綱領で四つの主要点の第二に「人間性社会主義」を掲げていたことである。

そして、創価学会について勉強して真正面から解明しなくてはならないと気づいた。にわか勉強ではあるが、日和見主義ならぬ「焦り見主義」を発揮して試論をまとめることにした。

初めに、創価学会を解明する要点は何なのかを確認する。私の問題意識と探究に当たっての姿勢である。

第一は、創価学会と公明党が日本の政治においてどのような位置を占め、役割を果たしているのか。とくに一九九九年いらい（途中、民主党政権の三年間のブランクがある）、公明党は自民党と組んで政権与党の位置に立ち、今では安倍首相の下で、二〇一五年九月に安保法制の成立に賛成・加担するなど、日本政治の右傾化推進の一翼を担っている。一昨年一月の宜野湾市長選挙でも昨年六月の新潟県知事選挙でも公明党が当落を左右して自民党系の候補が当選した。これらの動向については、厳しい批判を加えなくてはならない。

第二は、創価学会はどのようにして今日の実勢を築いてきたのか。その実勢の巨大さを直視しなくてはならない。

第三は、第一で確認した今日の公明党の動向と、創価学会創成時いらいのいわば「原点」との関係をどのようなものとして捉えるかである。結論的に言えば、私は、その関係は乖離あるいは断絶とも強調してもよいほどだと考える。この点で公明党を断罪する著作は参照文献にも上げたようにたくさん刊行され、「池田の大罪」が糾弾されている。

だが、解明しなくてはならない核心的課題は、この決定的な乖離・断絶にもかかわらず、内部分裂することもなく、なぜ創価学会と公明党とは今日なお「一体」で、現勢力を保持しているのか、その奥に貫ぬかれているものは何か、である。

「誤っている」と自分が判断する対象をただ非難するだけでは、その「誤り」に陥っている人を逆に勢いづかせることにもなり、その「誤り」に起因する弊害を取り除いたり、克服することは出来ない。特に「誤り」の対象が、個人ではなく組織である場合には、その組織の成員と指導的部分とを同一視して批判を加えることは避けなくてはならない。外からは一枚岩に見えるどんな組織でも全員が一体同一であることはあり得ないからである。

これらの諸点に充分に留意した上で批判をしないと、創価学会と公明党の内からの批判を呼び覚まし、その人たちと協力する道を切り開くことはできない。

第四は、日本の民衆の政治意識はどのようなものなのか。とくに政治的組織に関わる場合の意識の特徴を明らかにする必要がある。この民衆の政治意識に合わせて創価学会は成長してきた。それゆえ、この点を明らかにすることは、単に創価学会について知るだけではなく、今後の日本の市民運動をどのように進めるかについても大きなヒントを得ることに通じる。ここで、「民衆」と「市民」と言葉を使い分けたのは、「市民」には〈市民的権理〉の意識がそれなりに包含されているからである。一九六〇年の安保闘争の時代に、「市民運動」という言葉が流行り出した際に、「市民運動家」と言われた人が「私は市民ではなく、都民です」と答えたというエピソードが残されているが、「市民」という自意識はそれほどにまで遅れて芽生えたにすぎない。

第五に、以上の問題意識に踏まえて探究する場合、どのような姿勢を貫くべきか。すでに第三点で示唆したように、断罪するだけの姿勢は、隠された「真実」を暴く役割を果たすこともあり無意味とはいえないが、きわめて不十分であり、適切ではない。「創価学会への内在的批判」こそが求められている。何事によらず、哲学者の梅本克己が指摘しているように「否定面の理解をともなわぬ肯定は弱いものであるように、肯定面の理解をともなわぬ否定は弱い」からである。しかも、創価学会はその初発においては、鎌倉時代の僧侶・日蓮（親鸞より四九歳年下）の仏法を受け継ぎ、「国境、人種、民族、習慣、言語の全てを超越して、全人類を根底から救いゆく力ある宗教」を目指し、「人類の平和・文化の推進」を強調した（『創価学会入門』三一七頁、三二六頁）。公明党は、その出発点では「平和の党」「福祉の党」として「人間性社会主義」を主唱していた。それゆえに、一般の事象よりもなお強く、その肯定面にこだわる必要がある。好意的理解に接すると、騙されているとか、誤解であると決めつけて、反発したり切り捨てたりするのは大きな誤りである。

本書に収録した論文は既発表の拙文（巻末に掲示）を活かして書いたものもある。付録として、公明党元副委員長の二見伸明さんのインタビューと創価学会員の石川美都江さんの一文を収録した。

私は、最後の論文「創価学会と公明党への内在的批判」でも強調したように、創価学会のなかの平和を志向する人たちと共産党など左翼の人たちとの協力を切実に希望する。この小さな本がそのために役立つことを強く祈念する。

二〇一八年七月二五日

村岡　到

〈付〉本のカバーに『池田大作・宮本顕治　人生対談』（毎日新聞社）の両人の対談写真を使いたかったが、著作権料が三万二四〇〇円も必要と分かり断念した。

池田大作の「人間性社会主義」 目次

SGI「一・二六提言」の謎――序章にかえて

第1節　平和志向を強調する長大な提言

今年（二〇一九年）一月二六日、「聖教新聞」は、第四四回SGI（創価学会インターナショナル）の日に寄せて、SGI会長の池田大作氏の「平和と軍縮の新しき世紀を」と題する記念提言を発表した。一面に全幅の大きな見出しでタイトルが打ち出され、翌日と合わせて八面分の長大な提言である。「一・二六提言」は一九八三年いらい毎年発表されている。

大きな見出しだけ拾うと、以下のようになる。

「民衆の生命と尊厳を脅かす　紛争の根を断ち切る」
「冷戦時代から現在まで続く　『平和不在』の病理の克服を」
「生存の権利を守る信念に立脚した　戸田会長の『原水爆禁止宣言』」
「害心を取り払い〝命を救う存在〟へ　釈尊が促した生き方の転換」
「戦争の悲劇を繰り返させない」

「安心感と未来への希望を育む　『人間中心の多国間主義』を」
「仏法に脈打つ『同苦』の精神が　SGIの平和運動の源流」
「変革の波を世界に巻き起こす　『青年による関与』を主流化」
「自分にしかできない行動が　厳しい現実を突き破る力に」
「有志国によるグループを結成し　核兵器禁止条約の参加を拡大」
「日本は批准に向けた努力と　対話の場を確保する貢献を」
「NPT再検討会議を機に　高度警戒態勢の解除を」
「核兵器の削減方針を定める　第4回軍縮特別総会を開催」
「日本が豊かな経験と技術を生かし　水問題を抱える国々を支援」
「SDGsの達成を目指し　世界の大学が協力を促進」

写真もゴルバチョフ大統領やヴァイツゼッカー大統領と池田氏のツーショットや国際会議などが載せられている。

とてもその全容を要約するスペースはないが、戦争と核兵器に反対し、国連を重視する姿勢が強く打ち出されている。AI兵器や水問題など近年の重要な問題にも目配りして、青年や大学を活動の軸に据える独特の姿勢も強調されている。「人間中心の多国間主義」は、昨年八月に国連・市民社会フォーラムが呼びかけた標題からである。また、池田氏は、昨年の「提言」に続いて核兵器禁止条約を日本政府が批准するように強く主張している。

一つだけ印象的な事実を紹介したい。『ヴァイツゼッカー回想録』からとして、第二次世界大戦における戦場での彼の体験が引用されている。

「ある夜、長い列を組んで音もなく行進していた時のことだが、突然もう一つのきわめて静かな隊列が向こうからやってきた。互いに姿は見えなかったが、それでもこれがロシア人だということはすぐに分かった。双方の側とも冷静さを失わないことがなによりも必要だった。われわれは沈黙のまま、互いに無傷でやり過ごした。殺し合うべきだったのだろうが、むしろ抱き合いたいくらいだった」。

感動が胸を打つが、池田氏はこの場面を、ＡＩ兵器の恐ろしさを批判するために想起した。「ＡＩが制御する兵器において、敵味方に分かれた相手に対する複雑な思いや、『冷静さ』という言葉に込められた人間性の重みを感じて、一時的であれ、戦闘行為を踏みとどまることはあり得るのでしょうか」――これまた人間性の深さを表わしていて、印字しながら涙に目が潤む。

今年九一歳の池田氏自身が執筆したのか、あるいはこれほどの高い水準の文章が書けるのなら、なぜ九年間も公の場に姿を見せないのか、などの憶測と批判を浴びせることは簡単であり、その「謎」に迫ることも重要な論点である。だが、同時にこの「提言」の訴えを虚心に学ぶことも大切である。

例えば、一九四九年に締結された「ジュネーブ諸条約」やヴァイツゼッカー大統領による「平和不在」という鋭い指摘を知っていたのか、反省を迫られる（一九七〇年代までは共産党世界では「平和擁護」が常套句だった。新左翼は「反戦」）。その上で、批判すべき欠落として、「提言」で鋭く明らかにされている人類の危機の根底に〈資本制生産〉という歴史的限界が存在することに目を塞いでいる点を指摘しなくてはならない。池田氏は経済について語るのは苦手のようである。

今年の「提言」は発表前に「読売新聞」でもごく小さな記事で取り上げられている（一月二六日）。だが、「公明新聞」ではまったく取り上げていない！　驚くべき事態である（「朝日新聞」と「毎日新聞」も取り上げていない）。確かに、公明党と創価学会とは別組織ではある。とはいえ、創価学会が公明党の支持母体であることは自他ともに周知である。

第2節　いくつかの疑問

この長大で内容的にも高い水準の「提言」を一読して、すぐに思いつくことがいくつかある。

第一にこれほどの論文を執筆する能力を保持しているのなら、なぜ池田氏は公の場に登場しないのか、という前記の疑問である。病気加療で数カ月ということならあり得るが、池田氏が最後に公的な場に現れたのは、二〇一〇年五月に創価国際友好会館（東京・新宿区千駄ヶ谷）で開かれた本部幹部会である。中国の精華大学「名誉教授」称号授与式でもあり、中国の駐日大使も出席した（「聖教新聞」二〇一〇年五月二三日）。以来、九年間もどこにも姿を現していない。池田氏は今年正月に九一歳。部外者には、この事実を指摘することしかできないが、一体、池田氏はどういう健康状態にあるのであろうか、強い興味が湧く。

池田氏や創価学会や公明党をただ非難するだけの人は、「提言」に気づく場合があるとすると「池田にはこれを書く能力はない」とか「代筆者が執筆しているのだ」と非難するだけである。池田氏に「代筆者」がいるのではないかという疑念は、はるかに以前から指摘されていた。一九六〇年代に刊行された『人間革命』については、藤原弘達は「篠原善太郎という人物の代作説があるが」と書き（『創価学会を斬る』八二頁、八五頁）、古川利明も「東西哲学書院社長などを務めた学会幹部、篠原善太郎が書いた」としている（『システムとしての創価学会＝公明党』五〇頁）。似たような例は、「創共協定」を仲介した、推理作家の松本清張も「二・二六事件」を題材にした小説について指摘されていた。

だが、「代筆」にもさまざまな場合がある。署名主体（以下、本人）の意にそって行われる場合（①）もあるし、逆に本人の関与しないうちに（②）、あるいは意に反してなされる（③）こともある。池田氏の例がどれに当たるかは部外者には分からない。代筆があるとしたら、恐らく大抵は①だと思われる。

今年の「提言」について、仮に代筆されたもの（②③）だとすると、新しい疑問が生じる。前記のように公明党の政策と真逆の主張が含まれているからである。代筆者、あるいは代筆者に書かせる者の意図は何なのか、が問題となる。如何なる意図・狙いのもとに「提言」を執筆しているのであろうか？　すでに概略と要点を紹介したが、そこには、公明党の政治方針とは異なる、もっと正確に言えば、その政治方針に対立する主張（＝核兵器禁止条約の日本政府による批准）が強く打ち出されている（だから、すでに指摘したように、「公明新聞」には「提言」について全く報道していない）。なぜ、そういう内容を加えたのであろうか、そのことは何を意味するのか。これが第二の疑問である。

そこには「池田氏は平和志向を保持しているのだ」という印象を再生産したい、あるいはする必要があるという狙いが働いているのか？　「平和志向」を強く抱く学会員を引きつけておく、別の言い方をすれば離反を防ぐために必要な「術策」なのか。もっと言えば、池田氏の晩年を汚したくないという意図が秘められているのかもしれない。

さらに、前記のようにこの「ＳＧＩ提言」について、「公明新聞」がまったく取り上げないことに着目しなくてはいけない。創価学会では、池田氏は、二〇一七年に制定された「会憲」でも「第三代会長池田大作先生」とか「広宣流布の永遠の師匠と仰ぎ」と明記され特別の存在とされている。その池田氏が前記のように大々的に発表した文書を公明党がまったく無視するのは異常とさえ言える。不覚なことに、私は「聖教新聞」はごくたまに読むことはあったが、「公明新聞」を読むのは今度が初めてである。「ＳＧＩ提言」についても当然にも紹介されていると思って、図書館で閲覧して、ビックリした。

このチグハグな事態が何を意味するのか、それが第三の疑問である。だが、この疑問をいだくためには、「聖教新聞」と「公明新聞」を読み比べなくてはならない。その労を取る人はいないから、部外者は気づかない。

創価学会の熱心な会員の場合には、二つの新聞を購入しているだろう。「聖教新聞」の購入者は五五〇万人、「公明新聞」の購入者は八〇万人とされている。池田氏を慕う人なら、「先生の提言」が無視されることには大いなる違和感を抱くはずである。だが、購入していても読むとはかぎらない。読まなければ、違いには気づかない。読んで違いに気づいた場合は、どのように「理解」するのだろうか。このことについては、公明党の副委員長を歴任した、元参議院議員の二見伸明氏が、私を相手にしたインタビューで説明していた。

「これは、署名もせず批准を拒否している安倍政権とそれに追随する公明党のスタンスとは真逆です。学会員はどういう反応を示すかというと、『学会は筋を通している。しかし、政治の世界は妥協が必要だから仕方ない』ということになります。それではいけません。公明党に対して学会の基本的立場を貫けと主張しなくてはいけません」（『フラタニティ』第一二号＝二〇一八年一一月、五頁。本書一四〇頁）。

加えて、〈池田氏と公明党幹部との相違や断絶〉を直視したくないという心理が働くので、深く考えることなく日常に埋没する。

「代筆者の狙い」については、前述した。

そして、部外者の場合には、問題にまったく気づかない。毎年発表されてきた「ＳＧＩ提言」の存在すら知られていないだろう。ＳＧＩとは何かも常識とは言えない。敵対者の場合には、その内容への反発が強く作用する。池田氏の肯定面には触りたくないから知ることもなく、また無視する。

このチグハグな事態に気づいたからには、それが何を意味するのかについて探らなくてはならない。だが、関係者にまったく接触できない部外者には、池田氏と創価学会指導部との関係はきわめて〈微妙なバランス〉を保っているということまでしか推察できない。この〈微妙なバランス〉に気づくことは、端緒的ではあるが、池田氏と創価学会についてその真実の姿に近づく通路を切り開くことになる。この〈微妙なバランス〉に気づくことなしに、「池田神話」に取りつかれてただ池田氏や創価学会や公明党を罵倒するだけでは何の意味もない。

公明党は一九六四年に創成された時には「人間性社会主義」を主張していた。また、七二年の日中国交回復に尽力してきた。

池田氏が会長を辞任させられた一九七九年の「4・24」が何を意味していたのかに着目し、その後、一年間、池田氏が「聖教新聞」に登場しなかった事実や、池田氏が、公明党創成に合わせて刊行した『政治と宗教』や二〇一〇年に刊行された『随筆　桜の城』が絶版になっているのは何故なのかについて深く考えなくてはならない。

池田氏や創価学会の積極的側面にも光を当てながら、彼らの「平和志向」をさらに伸ばすためには何が必要なのかという視座に立脚して、池田氏と創価学会の歩みを把握しなくてはならない。本書は、そのための試みの第一歩である。

「人間性社会主義」の先駆性とその忘却

第1節　池田大作氏の創語「人間性社会主義」

〈人間性社会主義〉――この言葉を、私は一九七四年末に結ばれた「創共協定」について勉強した一昨年（二〇一七年）に知った。一九六四年末に創成された公明党は、その綱領で四つの主要点の第二に「人間性社会主義」を掲げていた。このことについては、「『創共協定』の歴史的意義と顛末」で注意を喚起し、昨年発表した「創価学会への内在的批判のために」の冒頭でもその意義を確認した。

ところが、創価学会を批判する数多くの著作では「人間性社会主義」について論述するものはほとんどなく、その内実を知ることはできなかった。

公明党の歴史を公式に記録した初めての書で二〇一四年に刊行された『公明党50年の歩み』では、一九七〇年に開催された「第八回党大会で新綱領を採択」という項目で次のように説明されている。

「『人間性』を冠しつつも『社会主義』との用語を使ったことに対し、党大会で質疑が交わされた」として、「その趣旨は、自由抑圧・非人間的な伝統的社会主義とは無縁かつ排するとし、現行の自由主義経済を基調とするが、現代資本主義に顕在化する人間疎外や不平等・格差拡大などの不備欠陥是正のため、社会主義理念の『公正』『福祉』『保障』を重視する、というものである。そして『あくまで人間中心主義であり……革新的な社会主義』(活動方針)とした」(九五頁。傍点：村岡)。

なお、『公明党50年の歩み』では創立大会を説明する部分では、綱領の四項目は「要旨」だけが示されている。池田大作氏の主著『新・人間革命』では、創立大会についての記述で「綱領の発表」とは書いてあるが、その中身は示されていない。「地球民族主義」は出てくるが、「人間性社会主義」は書かれていない(二〇〇一年、第九巻、三七二頁、三七四頁)。

また、あらかじめ注意しておくと、「人間中心主義」は、実は池田氏が主張する「人間主義」とは異なる。そのことは、池田氏が一九七八年の「記念提言」において明らかにしていた。池田氏は「今や人類的課題となった環境問題を中心に」提言した。「人間中心主義は、公害の蔓延等の事実が示すように、既に破綻をきたしている」(『新・人間革命』二〇一七年、第二九巻、一二三頁、一二六頁)。すぐに続けて「東洋の発想である自然中心の共和主義、調和主義へと代わらなければ、環境問題の抜本的な解決は図れない。東洋の英知である仏法では、あらゆる存在に、その固有の尊厳性を認め、さらに自然環境を離れては、人間生命が成り立たないことを、『依正不二』として示している」と書いている。

このように、一九七〇年の第八回党大会では「活動方針」で「人間中心主義」と打ち出したのに、八年後に池田氏は「人間中心主義は、……既に破綻をきたしている」と断じた。それなのに、二〇一四年刊行の党史では、「人間中心主義」を踏襲した。この違いが何を意味するのかについても探究しなくてはならない。

本筋に戻ろう。

一九六四年一一月に公明党創立に合わせて、創価学会の第三代会長で公明党創立者の池田氏が著した『政治と宗教』（鳳書院）では「人間性社会主義」と項目を立てて詳しく説明していた。この著作は質の高いもので、「人間性社会主義」論の先駆性を明らかにしていた。そこで、本稿では主要にはこの著作によってその意義について明らかにする。

誤解を招くといけないから、付言すると、『政治と宗教』は「新版」が五年後に潮新書として刊行されたが、両著とも絶版となり（何時からかは不明）、現在では入手困難である。一九九四年一二月の第三四回大会で決定した、長文の「綱領」からは「人間性社会主義」は削除された（経過は後述）。「人間性社会主義」を貫くことが出来ず、放棄・忘失したところに、創価学会と公明党の限界があった、と私は考えている。

だが、先走って結論するのではなく、まずはその先駆性をはっきりと確認しなくてはならない。

この言葉は池田氏による創語である。三年前に発表した拙稿「レーニンとオーストリア社会主義」で明らかにしたように、「エンゲルスによって賞賛され期待されていた、ドイツのヴェルナー・ゾンバルトは、マルクス主義を抜けた後に著わした『ドイツ社会主義』(三省堂、一九三六年)で、一八七種類の『○○社会主義』を数え上げてい」た(その「中には『サンジカリズム社会主義』『キリスト教社会主義』『愛情社会主義』などがある」(2))。この一八七種類の中にも出てこない、まったく新しい表現である。もちろん、言葉が新奇であること自体に大した意味はない。

以下が、『政治と宗教』の「第五章　現代における王仏冥合」の「二、人間性社会主義」の全文である(ルビは省略した)。

第2節　池田大作「二、人間性社会主義」(引用)

王仏冥合の思想は、色心不二の生命哲学を根底に、社会の繁栄と個人の幸福が一致する理想社会の実現をめざす根本理念である。

しかして、政治は、その理念を具現する技術であり、その運用にあたるのは人であり、その対象となるのも人である。また、社会を構成しているのも人であることを考えるならば、人間性を無視した政治は、すでに政治ではありえない。機構・形態がどうであろうとも、それは、何の価値もない「死の政治」である。現代政治の欠かんは、じつに政治における人間性の喪失である。

このように、政治は常に大衆のために行なわれ、個々の人間性尊重を基盤として、幸福と繁栄を与えるものでなければならない。したがって、社会機構の整備も運用も、その根底たる「人間性の尊重」を無視したならば、矛盾だらけの社会として、政治への不信を生み、混乱と不安をまねくばかりである。

これを現代政治にあてはめて見るならば、まず資本主義体制下においては、大きく人間疎外が問題になっている。すなわち、利潤追求と独占の社会構造が生んだ下層階級は、貧困と窮乏にあえいで、政治の恩恵にはあずかっていない。きびしい自由競争と社会構造の中で、生きるための基本的人権すら抑圧されている。機械の発達は、産業の飛躍的発展をうながしたが、この巨大な機械化のもとに、人間の機械への隷属、労働の商品化が行われたことは否定できない。

機械文明の前に、人間は個性を奪われ、画一的な単純労働の大衆として消化し尽くされてしまう。さらにマスコミュニケーションは、大衆を享受者のみの立ち場におき、より多くの大衆把握を目標とするため、つねに同一化が計られ、規格品的な人間像へはめ込まれてゆく。大衆の名のもとに、いつしか個人の人間性は埋没されてゆきつつある。

一方、社会主義思想は、この資本主義のもつ矛盾克服を課題として出発した。これは社会の発展上、必然的な流れといえよう。資本階級によって搾取される労働者の解放は、人間としての平等を訴え団結して対抗したのである。マルクスの階級闘争理論が、その出発にあっては、きわめて人間の本性的なヒューマニズムに基づく発想であったことは否定できない。

しかしながら、その本来の目的である人間性の回復も、その理論的根拠を唯物論におき、人間社会への考察を行ったため、物質的な問題である経済に、そのすべての原因をとらえようとしたため、単に社会機構の改革によって、達成しうるとの錯覚におちいり、きわめて独断的な偏見に止まったのは、重大な誤りといわねばならない。

人間の生活は、価値の追求であり、美・利・善の価値内容を獲得した時に、人々は幸福を感ずるのである。あらゆる人々が、それを充足しうる社会こそ、人類にとっての理想社会である。

資本主義体制下にあっては、「利」の追求が中心であり、個人生活において「利」と「美」を享受する自由はもっているが、社会のための「善」はとかく忘れられている。社会主義体制下にあっては、全体への奉仕として、社会的「善」は強調されるが、それは個人に優先するがゆえに、個人の「美」と「利」は没却されてしまうのである。

社会主義体制の実施によって、解決さるべき人間性の問題も、結果的には逆となり、画一的な社会機構による平等化は、かえって、人間疎外を増大する結果となった。社会全般の向上を第一とするために、つねに社会が個人に優先し、政治は中央集権による全体主義的な傾向が強まり、個人における人間性はたえず二次的問題として、取り扱われてきたのである。人間は社会の一構成分子にすぎないという思想は、根底的に人間性を喪失せしめ物質化され、非人間性が、あらゆる社会現象の面にあらわれてくる〔最後のセンテンスは、新版では少し改善されている〕。

最近、社会主義諸国の間で、資本主義的な利潤追求の人間的本性を無視しえず、これを導入して生産意欲の向上を計ろうとする動きが、明確になりつつある。弁証法的発展であると、一概に片付けてしまうには、あまりにも大きな問題であり、社会主義における人間性欠如を如実に物語っているにほかならない。

この利潤追求を手段として導入する修正こそ、むしろ因循姑息な手段であり、もっと抜本的に、現在の社会主義そのものを再検討されなければならない時が来ている。

資本主義体制下においても、社会主義体制下においても、常に人間疎外が問題になっていることは、すでにその根底になっている思想自体に欠かんがある証拠である。すなわち、観念論、唯物論を始めとして、根本となる思想それ自体が、すでに人間を、そして社会を把握する上で、かたよった部分観だからである。したがって、そこに行なわれる修正は、決して発展ではなくして、現状糊塗にすぎない。この人間性の根本問題の解決のためには、より高い、人間性尊重の思想を根底におく以外に解決の道はない。

社会主義における構造の変革は、大衆福祉実現のためには、当然必要とするところである。しかも、それが「生きた社会機構」として立派に運用されるためには、同時に個々の人間性を開発しうる思想によって、始めてその目的を達成しうるのである。今日の社会主義が、克服しえない問題は、この一点にある。ここに色心不二の生命哲学を根幹として、社会を構成している個人の人間革命を行ないつつ、大衆福祉を実現する人間性社会主義が、時代の要求として待望されるゆえんがある。生命の尊厳を基調とするところに民主主義社会の成立があるのは、一大前提条件である。生命の尊厳が確立されて始めて、自由も平等も成立するのであり、社会における人間性の没却は、許されない罪悪である。民衆は各自の人間性が尊重される社会を理想とするし、人類の歴史は、たえずこの目標に向かって前進しようと努力を続けてきたのであり、今、その思想的クサビが大きく打ち込まれたといって過言ではない。

社会主義における基本理念は、「平等」である。資本主義における利潤追求が、必然的に独占を生み、過当競争による厳しい経済状勢を形成し、貧困と窮乏にあえぐ下層階級に与える経済的不平等の矛盾を克服しようとして発達したことは、すでに述べたとおりである。しかし、社会機構の変革のみによってもたらされた社会的条件としての「平等」は、すべての個人にとって、必ずしも「平等」ではありえない。それは、社会自体が静止し、固定化した状態では把握しうるものではないし、活動し生きている人間の複雑な生命活動を正しく解明した哲学によらなければ、理解できないからである。つまり、人間個々の欲望・能力・性格の均等化はありえないし、かかる個人差はもちろん、民族差、国土差、その他、幾次元にもわたる差別の世界が、人間社会に複合し形成されているのである。

それは、物質的「平等」をどう配分したとしても、個人個人の受ける価値については、どうすることもできない差別が、すでに存在している。ゆえに、個としての存在、人間性を尊重する立ち場から見た「平等」は、決して物質的な平等ではなくして、人間生活のうえに生ずる価値の「平等」でなければ、あらゆる人を納得させうる「平等」とはいえない。社会が、個人の格差のはなはだしい人間集団である以上、各自が、それなりに主体性を確立し、自己を発揮しきれる条件を作ることが、人間性社会主義の成立であり、真の「平等」は、かかる社会において始めて成り立つのである。大衆が、不特定多数の人間集団として非人間的な存在として把握された時、即ち人間が質であることを止めて量として考えられた時には、すでに人間性は喪失され、個人は大衆の中に埋没して非人格化してしまう。かかる理解の上にたった社会主義は、いかなる機構充実を行なおうとも、個人の幸福を保証しうる制度とはなりえない。主体である個人と、客体である社会環境の相関関係の上に成り立っているのが、人間生活である。この関係を無視するならば、必ず矛盾が生ずるし、あらゆる点に行きづまりが出てくるのは当然である。

次に、社会主義の成立過程が、階級対立の克服にあったといっても、つねにそれが成立の絶対条件であるとは断定できない。まして、力と力の対決であり、相入れることのない利益の対立であるとするのは、どこまでも相剋を生む論理である。

むしろ、社会主義の目的が、大衆の福祉にあるならば、その本質は「相互扶助」でなければならない。社会保障にしても、国有化問題にしても、社会の構成員の全体の利益のために行なわれるものであり、民衆全体の福祉向上をめざす「相互扶助」に立脚して行なわるべきものであり、人間性尊重のあらわれである。

ここに従来の社会主義と、人間性社会主義の根本的差異がある。したがって、その変革の方式も、政治・経済・社会の改革によってのみ始めて成立する。そのためには暴力革命も「善」として是認され、多くの流血の惨事を生じても、平然としているがごとき、非人間的な思想とは根本的に違う。

あくまでも、その社会を構成する個人個人の人間革命を先決として、時代の進展とともに、社会改革が行なわれてゆく、より本源的な、しかも犠牲なき革命である。

そのためには、力と力の対決によって克服していく本能的活動よりも、はるかに高い人間としての理性が要求され、対立を相互扶助まで昇華しうる高次元の思想を根底にした時に、始めて社会主義の理想とするところを実現しうるのである。

人間性を忘れた社会主義は、所詮、砂上の楼閣にすぎない。ゆえに、その人間性を確立する根底の思想は、色心不二の生命哲学を有する仏法に求めるのである。

歴史をふりかえってみても、今日までの資本主義も、社会主義も、決して真の幸福を民衆に与えきっていない。これらの政治理念につねに欠けているものは、人間性の没却であることを知っている。

政治こそ、もっとも人間性が尊重されなければならないはずである。

所詮、人間性の尊重がなければ、真実の民主主義も、真実の社会主義も成り立つわけがない。近代社会においては、政治、経済、教育、文化等々、すべての分野で社会機構や経済機構が重要であることは論をまたないが、機構のみ重視し、人間が、その機構の奴隷になるようなことは、まったく本末転倒というべきである。

大衆福祉実現のために、王仏冥合の理念を根本に、人間性の尊重を基調とした、社会の繁栄と個人の幸福が一致する理想的な社会形態の建設こそ、民衆が等しく要望している新しい社会であり、人間性社会主義の新社会と呼ばれるものなのである。

第3節　「人間性社会主義」の先駆性

一読して明らかなように、池田氏は明確に資本主義を超えるものとして〈社会主義〉を志向している。一九六六年に刊行した、創価学会員の必読の書とされていた『日蓮大聖人御書十大部講義第一巻　立正安国論』（創価学会）では、池田氏は次のように書いている。

「確かに唯物論を根底とする社会主義は、観念論的な資本主義にクサビを打ち込み、世界史に新しい変革をもたらした。だが、今、その唯物論的な社会主義もまた、行き詰まり、幾多の欠陥を生じ、資本主義的方法で現状を糊塗せざるをえなくなったのである。もし、弁証法論者のいう論法を借りるならば、正・反に対して、新しく出現する合の理念は何か。それこそすなわち、日蓮大聖人の教えられた人間性の尊重、個々の人間完成を根幹として大衆福祉を実現する『人間性社会主義』以外にはないと確信するのである」（一〇〇八頁）。

文中の「糊塗」とは後述の「利潤導入」などを指す。この文章は「資本主義」と「社会主義」を形容する言葉が不適切であり、「社会主義」についての理解も錯誤している（後述）が、肝心なことは、資本主義諸国とソ連邦に代わる新しい社会を弁証法の「正反合」を借りて、「人間性の尊重」を基軸にした「人間性社会主義」として打ち出した点にある。

一九七五年に刊行された『公明党ハンドブック』の「Ⅰ　公明党の基本理念」の「3　人間性社会主義について」では、「修正資本主義」や「混合経済」でも「私的原理が支配的であるかぎり、資本主義体制のもつ固有の欠陥を克服することができず、人間性尊重よりも生産第一主義、利潤第一主義をとることになります」(『公明党ハンドブック』一九七五年版、三六頁)と説明していた。七五年に刊行された『創価学会四十五年史　革命の大河』では「綱領は……『人間性社会主義をもって、資本主義、社会主義では解決できない人間疎外を克服し、大衆福祉の実現を期す』等々、人間主義の政治……真の中道政治実現への鼓動が、随所に脈打っていた」(二五二頁)と記されている。綱領の引用は不正確であるが、当時の主張の要約としては明確である。池田氏は、「七五年夏季講習会『壮年部代表者集会』」の講演で、「私が、社会主義をどう見ているかについて一言すれば、この思想も、虐げられた民衆をどう救っていくかという発想が原点であったと考える」とか、「私は、社会主義の未来に、人間主義への志向をみつめてきました」と語った(『公明党ハンドブック』一九七六年版、六五頁)。この講演は、「創共協定」が公表された七月直後に行われたようであり、その点でも興味深いが、ここではその問題については触れない。開催日は記されていない(同書の年表にも無い)。

私は、二〇〇五年に「宗教と社会主義――ロシア革命での経験」を発表し、一昨年ようやく「社会主義と宗教との共振」を明確に提起した(二つとも『「創共協定」とは何だったのか』に収録)が、池田氏はその四一年前に、一三世紀の日蓮(「立正安国論」によって鎌倉幕府を諌めた)を継承して、宗教を貫きながら「人間性社会主義」に到達していた。宗教者が社会主義に接近することは、敗戦直後に仏教社会主義同盟を創り、その後に共産党に入党した妹尾義郎など皆無ではないが、特筆に値いする（妹尾については、「戦前における宗教者の闘い」参照）。

このことを確認した上で、「人間性社会主義」の先駆性を明らかにしたい。

「人間性社会主義」の第一の先駆性は、当時は「社会主義国」と一般には呼称されていたソ連邦や中国の「社会主義」とは一線を画してそれらとは異なる「社会主義」を模索し提起したことである。一九六〇年代には、五六年に起きたハンガリー事件を契機として「スターリン主義」批判が浮上し、ソ連邦や中国に迎合的だった社会党や共産党に代わる「新左翼」運動がわき上がり、その中軸をなしたいわゆる中核派と革マル派は「反帝国主義・反スターリン主義」を党派的シンボルとして掲げていた。「帝国主義打倒・スターリン主義打倒」とも叫んでいた。この「反スターリン主義」とか「スターリン主義打倒」は、「××はダメである」という否定形の表現であった。自らの政治主張の中軸を否定形でしか表現できなかったところに、彼らの根本的弱点が示されていたのであるが、池田氏は新左翼党派を意識していたかどうかは分からないが、否定形ではなく「人間性社会主義」という肯定的用語を創語した。ここに示されていた対極的な政治姿勢の相違は、その後、一九九三年に誕生した細川護煕連立政権へのかかわり方に示されたように、日本の政治への関わり方をも左右する分岐点とも重なっている（この問題については別論する。本書一一八頁〜参照）。

公明党をテーマとする本稿で、新左翼の中核派と革マル派に言及することに当惑する人もいるかもしれないが、その理由は私が一九七四年頃まで中核派で一〇年余も活動したことがあったという私事によるのではない。公明党自身が新左翼を視野に入れ（後述）、新左翼が看板にしていた、「スターリン主義」問題を意識していたから、取り上げるに値いするのである。前記の『立正安国論』では「スターリンの恐怖政治」や「ハンガリー暴動事件」にも言及していた（九七三頁、一〇〇二頁）。前記の「3　人間性社会主義について」では、「民衆を抑圧する権力機構」として「スターリニズムに象徴される、過去の実例」と書かれていた（一一頁）。

さらに、七八年に竹入義勝委員長は第二八回中央委員会のあいさつで、「個の尊重、人間尊重は、物事の第一義におかれるべきである」と強調したうえで、「国家あっての国民」と捉えると「資本主義ではファシズム、社会主義ではスターリニズムの土壌となる」（☆）と警告した（『公明党ハンドブック』一九七九年版、五七頁）。この報告は翌七九年の第一六回党大会で「党の重要文献として位置づけ〔られ〕」、『28中委見解』と呼称」されていた（同、九〇頁）。

引用にある「スターリニズム」（別言すれば「スターリン主義」）、この言葉はいわば党派的用語で、共産党系世界ではけっして口にしてはいけない禁句である。『スターリンと大国主義』や『スターリン秘史』（全6巻）など膨大な著作を残している不破哲三氏は、二〇一七年七月の講演で初めて「スターリン主義」と一度だけ発しただけである。(3) この共産党とは逆に、公明党は「スターリニズム」＝「スターリン主義」を意識して、それを批判・対置する形で「人間性社会主義」を主張していたのである。

「人間性社会主義」の第二の先駆性は、その肯定的な内実を「人間性」という言葉で表現したことである。この形容は急ごしらえに形容句にしたのではなく、いわば哲学的に論拠づけられていた。「王仏冥合」と言われている彼らの宗教的世界観の根本に基づくものであった。前記の引用でも「資本主義体制下においては、大きく人間疎外が問題になっている」と初めに確認されている。「疎外」という言葉は、新左翼党派のなかではマルクスの『経済学哲学草稿』の「疎外された労働」をヒントに好んで話題にされていたが、共産党系の世界では敬遠されていた（その現れとして、「疎外された労働」論は、マルクス・エンゲルス選集の本巻ではなく、「補巻4」に収録されていた。私事ながら、私の思想的出発点は、一九六〇年の安保闘争の後で高校生の時に読んだこの「疎外された労働」論であった）。

「人間」への着目は、創始者の牧口常三郎の核心であった。創価学会の創成記について記述する余裕はないが、前記の『革命の大義』では一九三五年頃に、「牧口は、仏法こそが人間変革の根本的な指導原理であるとのたしかな解答を得るのである」と書かれている（三六頁）。「仏法」についてのこの理解を、私は是認しないが、「人間変革」が中軸に置かれていることに留意すべきである。

「人間革命」の四文字は創価学会のキーワードである。牧口を継いだ第二代会長戸田城聖は小説『人間革命』を著し、彼の歩みは、池田氏によって同じタイトルの『人間革命』全一二巻として刊行され、さらに『新・人間革命』全三〇巻（三一冊）が昨年に八月完結した。この長大な二著は池田氏の主著とされている。人間、人間性、人間主義は創価学会と公明党の金看板なのである。公明党の文献を一読すればどこにでも「人間性の尊重」と繰り返し説かれているし、前記に長文の引用もしたからあえて引用は省く。

ただ、ここであらかじめ注意しておいたほうが良いことがある。前記の『公明党ハンドブック』は一九七九年版を最後に刊行されなくなった。恐らく、八一年の公明党第一九回大会で「新安全保障政策」として「日米安保是認、自衛隊合憲」へと転換したことと関連していたのであろう（後述）。また「28中委見解」では「人間性社会主義」は使われていなかった。前記の引用☆の少し前に、「『新しい革新』の原点」の説明として「第一に、人間の生命を第一におくことである」とした上で、「将来の目標を社会主義におくものも、社会主義の出発点が人間解放にあった以上、この原点を絶対に放擲すべきではない」と書かれている（五七頁）。やや分かりにくい表現であるが、三六頁先には「おくもの」が「おく者」になっている。問題は、私が傍点を付けた「も」にある。なぜ「は」ではないのか。「も」と書いてあるのだから、誰か別人を前提にしているのか。他人に「放擲すべきではない」と説教する前に、自分たちはどうすべきかを明らかにしたほうが良いが、明示されていない。「将来の目標を社会主義におく自分たちも」を前に書くと、文章がおかしなことになるから、自分たちは「将来の目標を社会主義におく者」ではないことになる。このように文章が曖昧になるのは、文意が不明確だからである。

普通なら、形容句を付した単語の場合には、語幹に重点があり、形容句はそれを補う説明を意味する。だから、「人間性社会主義」は「社会主義」のほうに重点があるはずなのであるが、公明党の場合にはいつの間にか「人間性」に重点が移る（戻る）ようになり、ついには「社会主義」は捨てられてしまった。前記のように「人間主義」を強調していたからであろう。

否定面への言及は後述するとして、続けよう。

「人間性社会主義」の第三の先駆性は、一国的規模・レベルではなく、国際的な視野の広がりを内包していることである。『政治と宗教』の「第五章　現代における王仏冥合」は、「二、人間性社会主義」の次に「三、地球民族主義と世界平和」と立てられている。聞き慣れない「地球民族主義」とは、戸田が創唱した言葉である。池田氏は『新・人間革命』で何度もこの言葉を引用・説明している。一つだけ引くと「戸田先生は、一九五二年の青年部研究発表会で、東西冷戦の渦中にあって、『地球民族主義』を提唱されました」と書いている（二〇一〇年、第二二巻、二四頁）。

説明は省くが、『政治と宗教』のこの節ではタイトルの論題を説いている。付言すると、公明党は党員の資格要件に国籍を入れていない。日本の主要政党では公明党だけである。この国際性は、今や世界一九二カ国に二二〇万人の会員を擁する「創価学会インターナショナル＝SGI」として全世界的広がりをもって実践されている。誰も指摘する人はいないが、この名称は、ソ連邦共産党などの「第三インターナショナル」を念頭に置いていたのではないであろうか（トロツキストの場合には「第四インターナショナル」を一九三八年に創設した。私も一時期、その日本支部に所属した）。そして国連重視としても、池田氏の諸外国の首脳（ゴルバチョフ大統領や周恩来首相など）や知識人との幅広い交流（池田『私の世界交友録』読売新聞社、一九九六年、参照）としても発揮されている。

また、この節の「⑵　世界平和と原水爆宣言」では、戸田が死の前年一九五七年九月に発した宣言を引用して「世界の民衆は、生存の権利をもっております」と明らかにした（二五六頁）。戸田がこの時に同年五月に施行された憲法第二五条を参照したわけではないが、この時点で「生存の権利」と打ち出していたことは記憶に値いする（日本共産党の綱領には今でも「生存権」と記されていない）。周知ではあるが、公明党は「平和の党」として自らを打ち出していた。

「人間性社会主義」の第四の先駆性は、「最近、社会主義諸国の間で、資本主義的な利潤追求の人間的本性を無視しえず、これを導入して生産意欲の向上を計ろうとする動きが、明確になりつつある」と指摘して、そのことを「社会主義における人間性欠如を如実に物語っている」と批判したことである。「利潤追求を手段として導入する修正こそ、むしろ因循姑息な手段であり、もっと抜本的に、現在の社会主義そのものを再検討されなければならない時がきている」とまで踏み込んでいる。

池田氏はこれ以上は論述していないが、経済運営において利潤を導入する「動き」とは、ソ連邦で一九六二年に起きた「リーベルマン論争」あるいは「利潤論争」——同年九月一日に『プラウダ』に発表されたE・G・リーベルマンの論文「計画・利潤・報奨金」に端を発した経済管理をめぐる論争——のことである。

多くのマルクス経済学者を巻き込んで国際的にも大きな話題となったこの問題について、池田氏がこの時期に利潤導入を「因循姑息な手段」と断じ、その底に「人間性欠如」をえぐり出していたことはきわめて先駆的だと評価できる。

ただし、この点については、前記の「3　人間性社会主義について」では「生産力の向上をはかる」ものという肯定的評価に変更した（一九七五版、三六頁）。「人間性社会主義」の第五の先駆性は、「官僚制の問題」に言及していたことである。池田氏は『政治と宗教』の「第二章　政治の本質」で、「官僚制の問題」を取り上げ、「官僚制の民主化は切実な課題」とした上で「機構のみに拘泥して、それを運用する人と理念の問題を忘却してはならない」と注意した（九九頁）。

ソ連邦研究者の渓内謙が先駆的論文「ソ連邦の官僚制」(4)を雑誌『世界』で発表したのは一九六五年一月であった。その直前に、池田氏は批判を加えていた。この点もまた共産党に先んじていた。共産党は現在でも「官僚制の問題」について明確に論及してはいない（私は、二〇一〇年末に「〈清廉な官僚制〉の創造を――ウェーバーの『官僚制』論を超える道」(5)を発表した）。

以上の五点において「人間性社会主義」論はきわめて先駆的であったと評価しなくてはならない。一九七〇年に開催された第八回全国大会では新しい綱領と規約が採択された。『公明党50年の歩み』によれば、「この新綱領には、結党時綱領にある『王仏冥合』『仏法民主主義』の言葉は用いず、党の基本理念を『人間性尊重の中道主義』と示し」た（九四頁）。しかし、「新綱領第二項目は、結党時綱領にある『人間性社会主義』の理念を踏襲した」（九五頁）。ついでながら、「国立戒壇」については、同年五月に「言論出版妨害事件」に決着を付けた、池田氏の「猛省」と合わせて、明確に取り下げると明らかにした。

また、この新綱領の第四項目には「日本国憲法をまもり」と追加した。自から誇らしく明らかにしているように、「『護憲』を綱領に謳うのは、当時の日本の政党では公明党が唯一である」(『50年の歩み』九六頁)。左翼の間では「護憲の党」と言えば、社会党のことだと思われていた(共産党は「憲法の民主的条項を守る」とは主張するが、けっして「護憲」とは言わなかった)。私も長くそう思っていたが、そうではなかった。

一九六〇年代にはベトナム戦争が大問題であったが、アメリカの本格的介入の第一歩となった「北爆」(一九六五年二月以降に北ベトナムに対して行なった連続的な爆撃)に対して、池田氏は明確に反対を表明した。六七年に開かれた第一〇回学生部総会での池田会長講演では、「北爆の停止」「関係国による世界平和維持会議を東京で開く」こと、「非武装地帯に国連監視軍を常駐させる」ことを提起した。この講演では、合わせて「沖縄の日本復帰」「核基地撤去」を要求した(『池田大作全集』3、聖教新聞社出版局、一九六八年、五六三頁〜)。公明党は、六八年の第六回大会で「日米安保体制の段階的解消の方途」(『50年の歩み』五五頁)を発表し、さらに七三年の第一一回党大会では「中道革新連合政権構想の提言」を打ち出し、「日米安保条約の即時廃棄」を主張した。

『公明党ハンドブック』七九年版の年表によれば、七二年にメーデーに初参加し、七八年まで毎年参加した(七三年は記載なし)。原水禁世界大会には七三年に初参加し、この年の「10・21国際反戦デー」にも参加した。中国に対する嫌悪感も少なくなかった時期、七二年九月の日中国交回復についても七一年いらい三次に渡る訪中団を派遣して尽力した。七四年末には病床の周恩来首相が病院で池田氏と会談した（薬師寺克行『公明党　創価学会と50年の軌跡』中公新書、二〇一六年、三七頁）。これらは野党外交の輝かしい業績であった。『50年の歩み』では「日中国交回復実現へレール敷く」と章建てしている。

以上に明らかなように、公明党は結党いらい一九七〇年代には明確に「革新」あるいは「左」に位置していた。このことを、市川雄一書記長は一九九〇年一一月の第二九回党大会で、「『今まではやや固定的に左であった路線を、本来の中道にきちっと戻すことだ』との考え方を強調」した、と『50年の歩み』で裏側から明らかにしている（一五五頁）。

だが、「人間性社会主義」は一九八〇年代になると後景に隠れるようになった。『50年の歩み』では七三年の「日米安保条約の即時廃棄」には触れず、八一年末の第一九回大会での「新安全保障政策」――「日米安保の存続容認、自衛隊合憲論へ」――への転換だけを詳述している（一四〇頁～）。

また、前記のメーデー参加などの事項は、年表から削除した。

なぜ、「人間性社会主義」については、「王仏冥合」や「仏法民主主義」や「国立戒壇」とは異なって、あいまいなままに忘失されているのであろうか。そこに急所が存在しているからであろう。

第4節　「人間性社会主義」の弱点・錯誤と忘却

『公明党50年の歩み』では説明されていないが、共産党の『政治経済総覧』一九九六年版によれば、「一九九〇年四月に開催した第二八回党大会で綱領の改定を表明。……九〇年末に開催予定の第二九回党大会で新綱領を決定することにしていたが、『池田大作創価学会名誉会長が発案した人間性社会主義を削除するのは認められない』（「毎日新聞」九〇年一〇月六日）という異論が出され、改定作業は棚上げした。九四年一二月五日の『公明』結成」（二四四頁）の際に、削除された。新進党結成と絡んでこの日に開催された第三三回党大会で「分党」することが決定されていた。その後、紆余曲折があり、九八年に「新生公明党」がスタートした（現在の「綱領」はこの時に改訂された）。

公明党はなぜ、「人間性社会主義」を貫くことが出来なかったのか。なぜ忘却することになったのか。その根拠は、その先駆性にも関わらず同時に或る重要な弱点と錯誤を内包していたからである。その弱点は、本稿の冒頭で引用した『公明党50年の歩み』に露呈していた。そこには「現行の自由主義経済」と「現代資本主義」がワンセンテンスに書かれていて、その違いがどこにあるのか、あるいは同じものなのか不明である。別言すれば、経済学の理解が弱かった。池田氏や創価学会は、マルクス主義への対抗心も露わに批判を加えてきた。前記の池田氏からの引用でも、「物質的な問題である経済に、そのすべての原因をとらえようとしたため、単に社会機構の改革によって、達成しうるとの錯覚におちいり、きわめて独断的な偏見に止まったのは、重大な誤りといわねばならない」と批判していた。確かにマルクスやマルクス主義が経済学、あるいは経済的土台に偏重していた点は是正されなくてはならないが、だからといって経済学を軽視してよいわけではない（唯物史観の限界については、私は二〇〇九年に「唯物史観から複合史観へ」で問題提起した(6)）。池田氏によるマルクス主義批判は適切な主張ともいえるが、裏返しの弱点を抱えていた。

この致命的弱点は、次のような池田氏の発言に露わである。「ある学者は、資本主義だの、共産主義だのというのは、上着を着るか着ないかというようなものだといっておりました」（央忠邦『池田大作論』二二八頁）。これは、一九六八年の創価学会「第三一回本部総会」での講演である。池田氏は「代表一万数千人を前に講演した」。央は池田氏とも親しく、その著作はきわめて創価学会に親近的立場から執筆されていて、何の疑問もなく引用しているが、バカげた放言と言うしかない。

なぜこれほどまでに致命的な弱点を抱えていたのであろうか。経済学は一七世紀末に資本制経済の形成とともに誕生した理論であった。創価学会が根本とする日蓮は一二二二年に生まれた。日蓮に経済学が欠落していたのは当然の歴史的制約だった。その七〇〇年以上前の日蓮だけに主要に依拠する創価学会も同じように経済学に疎かったのである（法学は紀元前五世紀のローマで成立）。

もう一つ大きな錯誤がある。第2節初めの引用に示されている。この時点ではまだ半世紀も経ていないソ連邦を三〇〇年以上も続く資本主義と同じように「社会主義」とする世間の常識に、池田氏は囚われている。四〇歳の壮年と一〇歳の小学生とを比較して身体能力を問題にすることは無い。「社会主義」はそれほど簡単に実現するものではない。ロシア革命は社会主義を目指す第一歩を踏み出したばかりであり、まだ「社会主義」には到達していない。トロツキズムでは「社会主義への過渡期」と規定されている。この錯誤は正されなくてはならない。私は「弁証法」は好きではないが、「正反合」を借りるなら、「反」の中身の充実こそが必要なのである。このように考えるなら、「人間性社会主義」を捨てることにはならなかったはずである。

この弱点と錯誤が災いして、「中道」の前面化にともなって「人間性社会主義」の没却につながったのであろう（「中道」については、本書、一一九頁、参照）。

「人間性社会主義」が忘失される伏線は実は『政治と宗教』の「新版」にも隠されていたのではないだろうか。前記のように「新版」は原本の五年後に刊行されたのだが、重複部分が改善されているだけではなく、この節の最後の三行――「人間性社会主義の新社会と呼ばれるものなのである」という一句で結ばれていた――がそっくり削除されてしまった。

また、仔細に観察すると、前記の「3　人間性社会主義」の末尾には「（党経済基本政策特別委員会私案　45・8・23）」と記されている。「私案」という格下げされた文書だと断ってあるのはなぜか、その説明はない。

ところが、一九九〇年代には捨てられた「人間性社会主義」の一句が、『新・人間革命』に一度だけ登場する。池田氏は、一九六四年にチェコスロバキアやハンガリーなどを訪問したが、その時のことを記述した部分で「社会主義」について語っている。五六年のハンガリー事件を振り返り、「スターリニズム」に対して「民衆蔑視の特権意識」「『赤い貴族』」と批判を加えたうえで（同、二八二頁、二八七頁）、「しかし、では、社会主義そのものが根本的に否定されるべきものかというと、決してそうではあるまい」として、「計画経済〔の〕必要」にも触れ、「社会主義の道徳的な特質である、『平等』や『公正』の理念」と書いている（二〇〇一年、第九巻、二八四頁）。そして、「私たちは、人間革命を基軸とした総体革命」を目指していると説き、「その方法は、急進的な暴力革命ではない。どこまでも、漸進的な非暴力の革命である」とする（同、二八六頁〜二八七頁）。ここで、池田氏は「その新しい社会主義の指標として、『人間性社会主義』を提唱していたが、その核心を、ますます強くしたのである」と書いている。この巻は二〇〇一年に刊行されているが、なぜ「人間性社会主義」に触れたのかは分からない。この前年には別稿で注意を喚起した『随筆　桜の城』（聖教新聞社）が刊行されていた（本書、四五頁、八三頁〜参照）。深いつながりがあるように感じられるが、真相は分からない（この外国歴訪から帰国直後に公明党が創成された）。

第5節　公明党の提起に応えられなかった左翼

公明党は左に位置していたがゆえに、公明党と日本共産党とは一九七〇年代に国政選挙や地方選挙などで激しく対立していた。支持基盤が貧困層、病者、真面目な人として重なっていたからである。七三年末に共産党が公明党に「公開質問状」を発し、翌年に公明党が答え、さらに公明党が二度にわたって「公開質問状」を渡した。この経過については、公明党は一九七四年に『憲法三原理をめぐる日本共産党批判』、七七年に『続・日本共産党批判』を刊行した。合わせて八六七頁もの大冊。『公明党50年の歩み』では、論争を紹介した上で、「公明党の全面勝利は、戦後日本の政党間論争史上に輝く金字塔である」とまで自賛している（一一六頁）。その内容には論及しないが、共産党が先駆的であるかに打ち出した「民主連合政府綱領提案」（一九七三年一一月）や宮本顕治委員長による「憲法五原則」（七四年九月）は、いずれも公明党の「中道革新連合政権構想の提言」や「憲法三原理」（恒久平和主義、基本的人権の尊重、主権在民）の後に出されたことを正視しなくてはならない。明らかに後追いだったのである。この論争の中で共産党は「人間性社会主義」についてはまったく取り上げなかった。

共産党と対抗していた新左翼党派の場合にはさらに公明党とは無縁であった。だが、創価学会の方は新左翼運動に強い関心・対抗心を持っていた。大学の中には、創価学会系の学生が活発に活動しているところもあり、そういう所では、左翼の学生運動との接点は生じていた。一九六七年には創価学会員の学生は二〇万人に達した（第一〇回学生部総会での池田会長講演、八月二四日）。『革命の大義』によれば、六九年「十月十九日、東京・代々木公園でおこなわれた新学同結成大会には全国百六十八大学・代表七万五千人が参加」した（三二六頁）。その前には「〝第三の学生運動〟『新学生同盟（新学同）』」と説明されている。「第三」とは新左翼系の全学連と共産党系の全学連に対抗する意味である（だが、その後は立ち消えとなった）。『革命の大義』では、六七年の10・8羽田闘争（私もそのデモに参加）など「新左翼運動」について意外なほどに論及している。池田氏は六〇年代末に東大闘争が大きな話題になっていた時期に東大構内を「視察し、危険な体験までした」という（央、前掲、二八三頁）。だが、新左翼は創価学会や公明党には無関心であった。

唯一の例外は、共産党から離れて、雑誌『現代の理論』を刊行する中心人物となった安東仁兵衛だった。安東は、一九七七年に刊行された公明党機関紙局編『続・日本共産党批判』に「日共的自由と民主主義の欺瞞性を浮き彫り」とタイトルする一文を寄せている。安東は、公明党と共産党との論争について取り上げ、結論として「私が公明党に望みたいことは、未だ一般的な希求に止り、方向性を示したかぎりでの『人間性社会主義』というスローガンをこの論争をつうじてより確かなものとする努力である」と希望した（三九〇頁）。安東とも近い位置にいた佐藤昇も公明党の見解を好意的に評価し、同書に論文が収録されている。二人の評言は、『50年の歩み』でも公明党の主張を補強するものとして引用されている（一二五、一二六頁）。

私事になるが、私は安東とはいささか接点があった。彼は、私が敬愛する哲学者の梅本克己の「弟子」でもあり、その縁で、梅本さんの没（一九七四年）後に著作集を三一書房から刊行することになった際に、その編集委員会のメンバーとなり、私も刊行を手伝ったので接点が生まれ、その後、『現代の理論』に何回か論文を発表したり、共産党の動向について短評を掲載したことがあった。しかし、世代の違いに加えて、私はいわゆる「トロツキスト」で、彼は「構造改革派」なので、理論的会話は成立しなかった。当時、私に現在のような問題意識があれば、と反省するが、残念なことであった。安東と私がともに梅本さんの「縁者」であったことは、何かの意味があるのであろう。

創価学会や池田氏を非難する著作は数しれないと言ってもよいほどであるが、それらの著作で、「人間性社会主義」に触れているものはほとんど無い。わずかに島田裕巳氏が軽く言及している程度である。薬師寺克行氏は「綱領にも『地球民族主義』『人間性社会主義』など、聞き慣れない言葉が頻繁に登場し、独特の世界観を展開していた」と触れている（前掲、三七頁）。最新刊の田原総一朗氏の『創価学会』でも公明党結党時のところで、綱領からの引用として一回だけ記されている。なお、『政治と宗教』については、藤原弘達は「観念的な言葉の羅列」と罵倒していた（『創価学会を斬る』日新報道出版部、三九頁）。田原氏は内容にはふれないが、『政治と宗教』の書名だけは記している。薬師寺氏は前著の「主要参考文献」で池田氏の著作としてこの一冊だけを上げている。他の論者でこの著作を上げている例は無い（だろう）。

人間は多くの場合、何かの論題について既出の成果を批判し乗り越えたと考えると論評を加え、自説を執筆・公表するが、かみ合って論述する能力がないと、相手をけなして自分が優位であるかに錯覚する。左翼が創価学会や公明党の主張・提起にまとも応えることが出来なかったのは、左翼の限界・幼弱性のゆえなのであった。別言すれば、社会主義論を豊かにする絶好の機会を活かすことが出来なかった。マルクスの「宗教はアヘンである」などという片言に呪縛されていたのでは、一歩も先に進めないのである。同じ事例は他にも多い。例えば、ロシア革命の後で一九二〇年代に経済建設の課題遂行に直面して「社会主義経済計算論争」が沸き上がった時に、ソ連邦の経済学者はこれを「机上の空論」として退けた。論点にかみ合うことが出来なかったからである（この論争については、『原典　社会主義経済計算論争』での私の解説(7)、参照）。

私たちは、池田氏が創語・提起した「人間性社会主義」の先駆性をしっかりと受容・摂取した上で、その弱点を補って、その真意を活かす努力を重ねていかなくてはならない。今や絶版となっている『随筆　桜の城』を二〇〇〇年に刊行した池田氏なら、その努力をプラスに評価するであろう（『随筆　桜の城』の核心は、「嵐の『4・24』」にある。この問題については別論する）。

最後に付言したいことがある。なぜ本稿のようなものを書くことが出来たのかである。その最奥の理由は、私が〈社会主義〉に徹底してこだわって探究しているからである。単にバカの一つ憶えのように「社会主義」の四文字をくりかえすのではなく、私は、その内実を深める努力を重ねてきた。先に「社会主義論を豊かにする絶好の機会を活かすことが出来なかった」と一筆したが、本稿はその逸機を償う試みでもある。

もう一つの理由は、私が謦咳にふれたただ一人の敬愛する哲学者・梅本克己の次の言葉＝教えに忠実であるように心がけているからである。梅本さんは「否定面の理解をともなわぬ肯定が弱いものであるように、肯定面の理解をともなわぬ否定は弱い」（『マルクス主義における思想と科学』三一書房、一九六四年、一三〇頁）と書いた。梅本さんの「主体性」論を重んじていたがゆえに、「人間性社会主義」への共感を抱くことが出来たのである。

この言葉の前には「人間は疎外のもとにおいてもつねに人類としての富を展開してきた」とある。池田氏は、経済学上の弱点と時代制約的錯誤に囚われていたが、〈社会主義〉の内実に〈人間性〉という核心を据えたのである。

〈注〉

(1)「聖教新聞」一九六四年一一月一九日。創立大会を全面的に報道。

(2) 村岡到『ソ連邦の崩壊と社会主義』一九六頁。
(3) 村岡到『共産党、政党助成金を活かし飛躍を』六〇頁。
(4) 渓内謙「ソ連邦の官僚制」『世界』一九六五年一月号。
(5) 村岡到『親鸞・ウェーバー・社会主義』に収録。
(6) 村岡到「唯物史観から複合史観へ」『生存権所得』に収録。
(7) 村岡到編『原典　社会主義経済計算論争』

「創共協定」の「死文化」と池田大作――「創共協定」論の補足

一昨年（二〇一七年）に発表した「『創共協定』の歴史的意義とその顛末」では、「創共協定」が結ばれたことの歴史的意義を高く評価し、それが「死文化」された結末を残念なこととして明らかにし、「その核心を活かさなくてはならない」と確言した。その後、創価学会に関連する著書を読むと、この論文では触れていない経過や動向がさまざまに書かれていて、不勉強を思い知った。特に、これまで創価学会や公明党についてはほとんど知識がなかったので、この論文では共産党の動向に重点を置くことになり、創価学会や公明党の動向については不十分だった。そこで、前稿で論及できなかった問題を補足する。

一九七四年末に、創価学会と日本共産党とのトップによって非公開で締結された「創価学会と日本共産党との合意についての協定」（以下、「創共協定」と略）は翌年の七月に公表されたが、公表と同時に、創価学会の側から同協定に背反する言動が起き、やがて「死文化」する。前記の論文では、「この『創共協定』の締結はこの二つの組織にとってだけではなく、社会主義をめざす運動と宗教との関係についてもきわめて重要な意義を有していた。『死文化』によって忘れ去られているが、別稿「社会主義と宗教との共振」で明らかにしたように、今日の社会における宗教の重要な意味を理解するなら、『創共協定』を歴史的に検討することが大切だと気づくはずである」とまえがきした上で、「第1節では締結に到る経緯を略記し、第2節では当時の歴史的背景を振り返り、第3節では二つの組織の首脳部の真剣な努力の意義を確認し、第4節では七五年に共産党が発表した『宗教決議』を検討し、第5節では協定『死文化』以後の共産党における宗教認識の後退を明らかし、第6節では二〇〇三年に刊行された『日本共産党の八十年』の『創共協定』についての総括の誤りを抉り出す」として論述した。

第1節 「創共協定」を取り上げる意味

すでに四四年の歳月が経ち、今では創価学会や公明党に関する著作のなかでも「創共協定」に触れる者はほとんどいない。わずかに島田裕巳氏が軽く触れている程度である。その埋もれた文書に光を当てる意味はどこにあるのか。その意味についてまず明らかにする必要がある。

まず、宗教、あるいは宗教的傾向は、現代社会においてもなお依然として大きな影響をもつ広がりを有している。渡部信氏によれば、世界の宗教人口は、「総人口約七五億人のうち、キリスト教人口は約二五億人、イスラム教約一八億人、ユダヤ教約一五〇〇万人と言われています」(「東京新聞」二〇一九年三月三日)。

日本で何らかの宗教に入信している人口の総計は、約一億八〇〇〇万人にも及ぶ。全人口よりもはるかに多いが、重なっていたり、過大に見積もられているからである。信仰の程度もきわめて曖昧である。毎日、信じるものに礼拝を欠かさない人から、普段の生活では宗教色はまったく感じられない人まで存在する。だが、それらの事情を差し引いても多数であることに変わりはない。ところが同時に、宗教（的傾向）に反発する人も数多い。新興宗教のなかにはオウム真理教に典型的なように危険でいかがわしいものもあることが、反宗教感情を高める原因ともなっている。

他方、社会主義については、一九九一年末のソ連邦崩壊を転機として、「社会主義の破産」が時代的趨勢となった。近年、アメリカやイギリスで社会主義への新しい関心が起こりつつあるが、特に日本では死語に近くなってしまった感がある。この落差の根底には、〈社会主義と宗教〉の関係についての理解の相違があるに違いない。日本ではこの二つの傾向は互いに強く反発・排斥しあう傾向が強かった。若いマルクスが「宗教はアヘンである」と書いたことが災いして、日本のマルクス主義においては宗教を敵視あるいは排斥する意識が醸成されてきた。政党（政治）と宗教との分離と理解（正しくは誤解）された「政教分離」が常識とされている。他方、ヨーロッパ諸国では宗教政党が広く活動している。一九一七年のロシア革命の直後に、レーニンは「建神主義」を主張するルナチャルスキーを「一瞬のためらいもなく教育人民委員（文部大臣）のポストに選任した」。だが、この事実に着目する研究者はいない。

このようなマイナスの歴史の積み重ねを払拭するためにも、宗教についても社会主義についても改めて捉え返す必要がある。格差のない友愛に溢れた社会を望むなら、宗教（的傾向）に反発するのではなく、理解するほうが良い。宗教は、真面目に生きようとする人や、病や貧困のゆえに窮境にある他人への思いやりを基礎にして、人間の心の安静を求めるものだからである。「創共協定」を発意し推進した、創価学会トップの池田大作氏は、宮本顕治との対談で「宗教の否定は、人間の魂の否定に通じると思います」（『池田大作・宮本顕治　人生対談』一五九頁）と語った。また「宗教とマルキシズムの共存は、人類の未来のために不可欠の文明的課題であるといいたい」（同、四〇頁）と踏み込んだ。このこと一つを想起するだけでも、そこには大きな可能性が秘められていたと気づくであろう。

池田氏は、三〇巻にも及ぶ主著『新・人間革命』で、わずかに一度だけ「創共協定」に触れている。前記の宮本との「対談の連載（「毎日新聞」）が続く七月二七日には、〝創共協定〟が発表されている。この協定が延長されることはなかった」〔A〕と書いた。その直前に「協定の期間は十年である」とも書かれていて、「協定が延長されることはなかった」ことは事実である。嘘ではない。だが、重大な事実が見落とされている。「発表されている」も事実ではあるが、私が何回も強調しているように、創価学会側によって発表とほぼ同時に「死文化」したのである。この重大な裏面に触れないのは公正ではない。

そこには隠された、あるいは明らかにしたくない何かが存在しているに違いない。その背後の事情と真実を解明する必要がある。ヒントは、〔A〕に直接に続く一句にも示されている。〔A〕は「な

「政教分離」ではなく〈宗国分離〉を

私は、二〇一二年に「戦前における宗教者の闘い」で、「『政教分離』は正しくは〈宗国分離〉とすべきである。宗教と国家との癒着が問題なのである」。「『国宗分離』でもよいが、主要な問題関心は、国家についてではなく、宗教にこそあるから、宗教を先にして〈宗国分離〉のほうが適切である」と提起した（『親鸞・ウェーバー・社会主義』五八頁）。

日本共産党の最高指導者だった宮本顕治は、「国教分離」と書き、「政教分離といわれることの積極的内容の一つは、国家と宗教の分離であり、宗教は国家にとって私事でなくてはならないということである」と説明していた（『日本共産党と宗教問題』一九七九年、八〇頁、九一頁）。

公明党も『公明党50年の歩み』で「本来なら『国・教分離』」と表現するのが妥当だ」と書いている（二一四頁。村岡到『「創共協定」とは何だったのか』二一頁〜二三頁）。

宮本や公明党が「国教分離」や「国・教分離」を貫くことがなく、他の文書では「政教分離」を使っているのは不徹底である。

宗教研究者のなかでは、高尾利数氏が一九九九年に「『政教分離』についての正確な認識が欠落している」と指摘し、「この原則は、英語ではSeparation of Church and Stateと表現される。それは『国家と特定の宗教教団が共に組織として癒着してはならない』という原則なのである」と説明していた（『QUEST』第三号＝一九九九年九月、九頁）。最近では、玉野和志氏は『創価学会の研究』で、「政教分離」について、「特定の宗教団体が特定の政党を支持することとは何の関係もない」と説明している（七三頁、八一頁も）。

かった」と結ばれていたのではなく、「なかったが、」と逆接して、次のように続いていた。「宗教とマルクス主義との共存という、伸一〔池田〕がめざした文明論的テーマは、中国やソ連などの社会主義国と創価学会の、友情と信義の交流となって実を結んでいくのである」（二〇一〇年、第二三巻、三九頁）。このように、池田氏は「創共協定」の歴史的意義を、協定の相手は日本共産党なのに、中国やソ連などに置き換えて確認している。また、その前の頁では、「宮本顕治委員長と都内のホテルで会談した。これは毎日新聞の連載企画で、平和論、組織論、文学・芸術論など、幅広い人生対談となった」と明らかにしている。

繰り返し確認するが、「創共協定」は、宗教と社会主義について再考するための有効な契機となる。

第2節　宮本委員長宅盗聴事件との関り

実は一九七〇年七月に当事者の一人である、共産党の宮本顕治委員長（当時）の自宅の電話が盗聴される事件が起きていた。盗聴に気づいた共産党は、公安当局の仕業だと見当をつけて警察に調査を依頼し、告訴した。しかし、警察はまともに捜査することもなく、刑事事件としては時効となりうやむやに葬り去られてしまった。

ところが、一〇年後八〇年に弁護士の山崎正友が、この盗聴は自分が仕組んで実行したことだと公に暴露した。山崎は創価学会が育てた弁護士第一号で、この件について暴露した『盗聴教団』では、山崎は「池田大作氏から『お前は闇の帝王』と呼ばれ」、「友さん」と話しかけられる様子が書かれている（一一頁、一八頁）。そのように池田氏の最側近の顧問弁護士であったが、八〇年に学会と対立・離反した。そして宮本委員長宅の盗聴事件について自己暴露した。

山崎は、「この事件は、まぎれもなく私たちの仕事であった」と明かした（二二頁）。山崎は、北条浩副会長に呼ばれて盗聴について相談したこと、資金の提供を受けたこと、実行メンバーの配置などについて細かく暴露した。盗聴したテープを北条らに聞かせもしたと明らかにした。

事件が起こる年の前年一九六九年に藤原弘達の創価学会批判本『創価学会を斬る』をめぐる出版妨害事件が起き、共産党がスクープして公明党を批判したことが大きな話題となった。共産党は七〇年に「赤旗」で「黒い〝鶴〟のタブー」を一五〇回も長期連載した。その流れのなかで、盗聴が仕組まれた。

山崎の自己暴露の後も創価学会は、この事件には関与していないと発表した。だが、共産党は、八〇年八月二六日に東京地方裁判所民事部に「損害賠償を請求する訴状」を提出し、民事裁判となった。その訴状では、被告として創価学会副会長の北条（当時は参議院議員）、山崎ら五人が上げられた。訴状によれば、「北条は……山崎をよび、計画をすすめるように話し、その場で活動資金の一部として三〇〇万円の現金を手渡した」（パンフレット『創価学会による宮本委員長宅　電話盗聴事件の真相』六三頁）。この裁判は、八八年一二月に東京高裁で創価学会の組織的な犯行と確定した。

盗聴行為が人権上、許すことが出来ない犯罪であることは明白である。アメリカでは奇しくも一年後七二年六月にワシントンDCの民主党本部で起きた盗聴侵入事件によって、七四年八月にリチャード・ニクソン大統領が辞任するウォーターゲート事件が起きていた。どのくらいの刑法上の罰が適切かは本稿の領域ではないが、本稿にとって問題とすべきことは、この盗聴事件と、「創共協定」を着想し推進した池田大作氏との関りがどうなっていたのか、である。

まず気になるのは、この盗聴を池田氏が知っていたのか否かである。山崎の『盗聴教団』では、盗聴が発覚し、マスコミでも大きく報道された直後に、七〇年「七月三〇日、総本山で〔の〕学生部講習会」で、「池田会長は、〔山崎を〕『早く帰って後始末をしっかりやっていろ』と大きな声で叱り付けた」と明らかにされている（三二頁）。山崎の記述が本当だとすれば、池田氏は盗聴発覚直後の七月三〇日には宮本宅盗聴を知っていたことになる。

古川利明は、「池田大作の承認のもと、北条浩・副会長の決済を受け……山崎の総指揮で実行に移した」と簡単に書いているが、実証的証拠は示されていない（『シンジケートとしての創価学会＝公明党』二四頁）。『盗聴教団』には池田氏から指示があったという記述はない。山崎は創価学会とは激しく敵対する立場に移行したのだから、「池田氏の指示により」と書いてもよいはずなのに、そうは書いていない。指示されていたのなら、池田氏の叱責に対して「あなたが指示したのではないか」と反発してもおかしくない。

「赤旗」では、「宮本顕治委員長（当時）宅電話盗聴事件の判決は？」とタイトルして次のように明らかにしている。

東京地裁判決（一九八五年四月二二日）は「北條（浩・創価学会会長）の本件電話盗聴への関与について」の項で、「被告山崎が独自に本件電話盗聴を計画、実行したとするよりは北條の承認と資金提供のもとに実行したと考えるのがより自然であり、北條は、本件電話盗聴に関与していたものと認めるのが相当である」とした。さらに東京高裁判決は、一審判決よりもきびしかった。

「なお、この裁判で北條側が最高裁上告を途中で取り下げ、判決に従う態度をとり、北條氏の妻とその子ども（北條氏が途中で死亡したため訴訟を継承）らは、宮本氏に対し裁判所から命じられた損害賠償金を利息をつけて全額支払いました」（二〇〇四年三月一一日、公式サイトから）。

このように、裁判では池田氏の関与は問題にされなかった。

共産党の「赤旗」特別取材班著『黒い鶴への裁き』では、「結びにかえて」の最終頁に「池田氏は詳細はともかく、宮本宅盗聴については承知していた疑いが濃厚です。犯罪を働いた相手に、平気で『握手』を求める――。これが池田氏の説く、『仏の心』なのでしょうか」と皮肉を込めて書いてある（二五〇頁）。だが、この記述は「疑いが濃厚」という曖昧な表現だけではなく、「承知し」た時期が何時なのかという核心にはまったく触れていない。

もう一つ重要なポイントがある。何かの事実を知ることにもその内実には違いがある。自分の責任とは無関係な事実とそうではない事実が存在する。自分が実行したこと、あるいは指示したことなのか否かによって、そこで生じる責任の大きさに違いが生まれる。この場合で言えば、北条や山崎などが、池田氏には隠したまま盗聴を実行して、後で池田氏に伝えた可能性もあり得る。その場合には、池田氏には会長としての道義的責任は生じるが、直接の責任はない、あるいは軽度の責任感で済ますことが可能である。

「赤旗」特別取材班は「犯罪を働いた相手に、平気で『握手』を求める」と書いているが、盗聴を指示したのではなく、事後に知ったのだとすれば、池田氏の〃自責の念〃はいくらかは軽減される。うがって推察すれば、池田氏は贖罪の意識も働いて「創共協定」に向かったのかもしれない。盗聴などという後ろめたい気配をまったく感じさせることなく、友好的に真摯な交渉を進め、宮本顕治との長大な対談まで実現していることは、池田氏の人物としての大きさを示すものであろう。

第3節　共産党と公明党の対立の激化

前稿でもごく簡単に触れたが、「創共協定」を締結した時期には共産党と公明党との間で、激しい対立が生じていた。

この時期の政局を振り返ると、七〇年代には革新自治体が大阪府、京都府、横浜市、沖縄県などに拡大しつつあり、共産党と公明党は七〇年四月の京都府知事選挙などで激しく抗争していた。国政では自民党の田中角栄政権が続き、一九七三年九月に開かれた公明党の第一一回党大会では「日米安保条約の即時廃棄」が決定され、「中道革新連合政権構想の提言」が発表された。この動向に対抗する形で、一一月には共産党の第一二回党大会で「民主連合政府綱領についての日本共産党の提案」が決定された。年末には、共産党が「公明党への公開質問状」を発した。

翌年二月に公明党は、この「公開質問状」に回答し、さらに六月に「憲法三原理をめぐる日本共産党への公開質問状」（その一）なる、四〇〇字五六〇枚という長大な論文を発表した。続いて七月に「憲法三原理をめぐる日本共産党への公開質問状」（その二）を発表した（ほぼ同量）。この間にも「赤旗」に掲載された「反論」もある。この公明党による「公開質問状」は、同年九月に公明党機関紙局から『憲法三原理をめぐる日本共産党批判』として四七七頁の大冊として刊行された。さらに、七七年五月に三九〇頁の『続・日本共産党批判』が出た。

これらの動向と「創共協定」をめぐる動向を重ね合わせると、どういうことになるのか。それほど激しく深く、共産党と公明党が対立・抗争していた時期に、なぜ池田氏は「創共協定」を結ぼうとしたのか、そしてそれが実現できると判断したのであろうか。実際には、前記のように、公明党からの厳しいブレーキと反対によって、「創共協定」は死文化する。

第一の事情は、池田氏と公明党との関係がどうなっていたかにある。創価学会や公明党を非難する類書ではひとしく、「独裁者＝池田」の印象が強烈に描かれ、創価学会と公明党についてはどんな問題も池田氏の一存で進められているかに扱われているが、どうやら実際にはそうではなかったようである。野田峯雄は『池田大作金脈の研究』ですべての主要人事は池田氏が独断で仕切っていたと書いているが、論拠は示されていない（一七三頁〜一七四頁）。

この時の公明党のトップは、竹入義勝委員長と矢野絢也書記長であった。竹入氏は、池田氏の二歳年上で、創価学会第二代会長戸田城聖の愛弟子だった。竹入氏は、出版妨害事件の処理をめぐって田中首相と親密な関係を結んでいた。矢野氏は池田氏より四歳年下。一九七〇年の出版妨害事件の時期に、池田氏は「十数人の最高首脳がいる前で、矢野氏を……数珠でビシッ、ビシッとひっぱた」いて叱責したこともある（山崎、三九頁）。

矢野氏は回想録で、「創共協定のときのあんた〔竹入氏〕の対応は、私にはとてもできない。学会から苦情でましたよ」と振り返っている。竹入氏は「共産党の親戚になると公安や右翼が学会を狙う。だからおれは学会のためだと思って反対した。お前はええ格好して秋谷〔栄之助〕見解〔「創共協定」公表の翌日に、その意義を反故にするようなインタビューを発表した〕の下書きなどつくってな。要領いいぞ」と返した（七八頁）。竹入氏が池田氏に強く迫り、池田氏が竹入氏に屈した様子がうかがわれる。

四年後の一九七九年末、『週刊文春』が「創価学会・日本共産党『十年協定の真実』松本清張メモの『語られざる部分』」「創価学会㊙池田大作語録にみる創共協定もう一つの真実『宮本顕治は陰ケンな奴だ』」とタイトルする二つの記事を掲載した。そこでは、二つの組織を仲介した、作家の松本清張が『文芸春秋』新年号に掲載した「創価学会・日本共産党『十年協定の真実』」（『作家の手帖』に収録）を取り上げ、「矢野クーデター説」と見出しに立て、この年四月に池田氏が創価学会の会長を辞任したことを「池田氏の落日は始まった」などと論評し、「池田の容共路線」と「戸田城聖いらいの反共・反米の竹入、矢野」を対比させた（一二月二〇・二七日、二五頁）。また、池田氏が七五年七月三一日に学会本部で「宮本は考えていたより、何百倍も陰険であ」ると発言したと暴露した。

この『週刊文春』の記事のリードには「本誌が特に入手した学会の㊙報告書」と書かれているが、学会側からのリークであろう。誰がいかなる意図でリークしたのであろうか。記事には、創価学会の内部文書「語録」からの引用として七五年七月からの「約一カ月間に、池田氏は創共協定について説明するために、学会の各レベルの人々と一〇回の会合を行っている」として列記しているが、そのなかに、「七五年夏季講習会『壮年部代表者集会』」が抜け落ちている。そこでは、「社会主義」への志向性が明確にされていた（後述）。そこを抜かしていることが、リークの狙いを解くカギだと思われる。この記事は、池田氏が「反共」であることを印象づけるために掲載されたのである。

『週刊文春』記事のネタ元や同誌の狙いは推測するだけであるが、創価学会や公明党と池田氏との関係は一枚岩の良好なものではなく、複雑な利害や対立も存在していたことは確かである。前稿でも引用したように、池田氏は、七四年末の宮本や松本との懇談で、公明党との関係について次のように語っていた。

「党執行部には独自の実権ができていて、いまや党が学会を支配するくらいの傾向にある。私は人材の多くを公明党に放出した」（松本清張『作家の手帖』三三二頁）。

松本が「会長と公明党執行部との間にパイプはないのか」と問うと、「ない。竹入〔義勝委員長〕、矢野〔絢也書記長〕らも来ないだろう」と答えた（同、三三二頁）。

「現在の公明党執行部は政治の玄人になっている。そのために学会を素人と考え、独善的になっている」（同）とも話した。

もう一つ、留目しなくてはいけないことがある。この時期の池田氏の外国訪問の動向である。前著では誤記（九頁四行目）を含む簡単な叙述になっていたが、以下のように訂正し、かつその重要性について明確にする。池田氏は「一九七四年の五月以来、わずか一年半のうちに、中国を三度、ソ連を二度にわたって訪問。ソ連のコスイギン首相、中国の周恩来総理はじめ、両国の要人と、対話を重ねてきた。その最大の眼目は、一触即発の状況にある中ソ紛争の和解の道を探ることであった」（『新・人間革命』第二二巻、三四四頁）。池田氏は、七四年の五月末からの最初の訪中で、六月六日に李先念副総理と会見し、「内政不干渉と平和五原則〔の〕堅持」の言質を受けた（同、二〇〇九年、第二〇巻、九四頁。少し前に癌の手術をした周総理とは会えなかった）。三カ月後、池田氏はソ連邦を訪問し、九月一七日にコスイギン首相に「中国の首脳は、自分たちから他国を攻めることは絶対にないと言明しております」と伝え、彼から「ソ連は中国を攻撃するつもりはありません」という回答を得て（同、二七八頁）、それを一二月五日に入院中の周総理に伝達した（同、三三八頁～）。これほどの行動をした人物が他に存在するであろうか。国際的レベルでのこのような平和志向の実践と、国内での共産党との和解・協力の追求は一体だったのである。池田氏は訪中を前にした心境を「〝対立する中ソの懸け橋となるのだ！〟そう自分に言い聞かせながら」と述懐している（二〇〇九年、第二〇巻、一六六頁）。

そして、この時期には池田氏は「人間性社会主義」を強調していた。「人間性社会主義」については別稿を参照してほしいが、「創共協定」の是非が大問題となっていた一九七五年に、池田氏は、「七五年夏季講習会『壮年部代表者集会』」の講演で、次のように話した。

「宗教とマルクス主義とは、従来、共存不可能と思われてきた。だが、真実そうであるのか、あるいは共存の可能性を見いだすことができるのか、宗教者として無関心でおられない」〔A〕。

「私が、社会主義をどう見ているかについて一言すれば、この思想も、虐げられた民衆をどう救っていくかという発想が原点であったと考える」。

「また私は、社会主義の未来に、人間主義への志向をみつめてきました。こうした期待感を抱くのは、人間の善性を信ずる仏法者の眼（まなこ）からであり、何とかして、立場の相違は相違としても、人間社会である限り、そこから善意の可能性を汲みあげていかなければならないという、信念からであります」。

この講演は、『公明党ハンドブック』一九七六年版の「Ⅱ　公明党の路線と活動」に引かれている（六五頁）。

〔A〕は、前に引用した宮本との対談と同じである。社会主義への思いについても真摯な内心からの声であると感じられる。

共産党との関係については、「もし、共産党が弾圧をうければ、学会はその擁護に起ち上がる、学会が同様な場合には、共産党もそうしてもらいたい」。そして、宮本は「その時は党を挙げて擁護のために闘う」と応じた（『作家の手帖』三三三頁）。

なお、共産党との関係については、山崎は『盗聴教団』で、「池田氏は、『戸田二代会長は〝最後の敵は共産党だ〟といわれた。広宣流布の最終段階で共産党とは死闘を演じなくてはならない』と強調していた」と書いていた（二〇頁）。発言の時期は明記されていないが、盗聴事件との関連での記述なので、一九七〇年頃のことと思われる。前記の『週刊文春』では、七五年八月二三日の発言として「戸田先生が亡くなられる寸前、遺言として、最後のテキは㊒といわれた。事実そうです」と書いてある（二八頁）。発言の真偽は不明であるが、まったく逆の発言もある。藤原弘達は『創価学会公明党をブッた斬る』で、池田氏は、「戸田先生は『学会は新社会主義である』とおっしゃった。……『個人の幸福』と『社会の繁栄』が一致する王仏冥合思想を根本にしたものである」と語ったと書いた。これは「聖教新聞」一九五九年六月二〇日からの引用である（一五一頁）。また、アエラ編集部編の『創価学会解剖』では、戸田が一九五七年に「元共産党幹部の神山茂夫」との対談で「社会党がいいのだよ。共産党もいいのだよ。自民党なんかいかんのだよ」と語ったと紹介されている（一六〇頁）。

第4節　「創共協定」の「死文化」と池田大作

「創共協定」に対して、公明党最高幹部が池田氏にどのように対応したかについては、すでに矢野の著作を引いて明らかにした。池田氏は、創価大学で（恐らく八月二〇日に）講演し、七月二九日に発表された創価学会の秋谷栄之助副会長の見解に従って「共産党とは共闘する意志はない」と表明した。これによって事実上、「創共協定」は死文化された。共産党側の反応については前稿で明らかにした。補足すると、「創共協定」の当事者であった上田耕一郎は、「公表直後の我々は人が好く、協定死文化は、学会内のクーデターではないかと思った」とか、「経過が明らかになるにつれて、池田氏自身が指示していたことが分かってきた」と書いている（アエラ編集部編『創価学会解剖』一七〇頁）が、前記の矢野の記述のほうが事実であろう。上田インタビューは一九九六年で矢野の著作の二年後だから、不勉強と言える。元もと、共産党は「創共協定」については受け身だった。上田は、「イニシアチブは池田氏がとった。我々の方は半信半疑だった。あまり熱心なので、拒否する必要はないと、自然流で対応した」と述懐している（同、一六九頁）。

『創価学会解剖』では、「池田側近で教学部長だった原島崇」氏の発言として、池田氏が「協定死文化の後、自宅の寝床で公明党や学会幹部の名前を挙げて、番狂わせだ、とグチをこぼしていた」と書かれている（一六三、一六四頁）。その信憑性は確かめようはないが、「死文化」が池田氏の本音ではなかったことは明白である。前記の「秋谷見解」が発表されるわずか一七日前に、毎日新聞の企画で池田氏は宮本委員長とホテルで四時間も会談した（以後、同紙に三九回連載された）。池田氏を厳しく批判している古川利明さえ、「『創共協定』については、池田にとっては、……どうも内心ではかなり『本気』だったらしい」と推測している（『シンジケートとしての創価学会＝公明党』二一二三頁）。

逆に玉野和志氏は「山崎〔正友〕によれば、共産党と協定を結んだのは池田大作の一存であり、その浅慮にもとづく功名心によるところが大きく、事が大きくなるにつれて、途端に保身に走り、事態の収拾を求めてきたという」と書いている（玉野和志『創価学会の研究』九〇頁）。だが、その直前に指示されている、山崎の『盗聴教団』では「創共協定」にはまったく触れておらず、そういうことは書かれていない。山崎がどこかで書いたのかもしれないが、山崎の浅薄さを表しているにすぎない。

前記の「一〇回の会合」には上げられていないが、第3節で明らかにしたように、池田氏は「七五年夏季講習会『壮年部代表者集会』」の講演で、社会主義について持論を力説した。その趣旨は、明らかに「死文化」とは逆である。「創共協定」を「死文化」するのなら、社会主義への志向性を示す必要はまったくないはずである。

私は、この時、この問題で池田氏が自分の望みを貫けなかったことはきわめて大きな意味があるのではないかと推察する。いわゆる学会批判本を通読しても、「創共協定」に触れるものは少なく、深く検討されていない。従って、池田氏が「創共協定」を貫けなかったことにも気づかない。それでは、池田氏の実像を掴むことは出来ない。

「創共協定」の「死文化」が池田氏にとって「妥協」であったことは動かしがたい事実であるが、この「妥協」によって得るものがあると、池田氏は深く考え、判断したのではないだろうか。逆にここで「妥協」しないと、創価学会を二分する分裂・抗争になることを回避したほうがよいと判断したのではないであろうか。私には、池田氏の歩みにはそれだけの深みのある何かが内在しているように感じられる。

さらに心しなくてはならないことがある。波及力が小さい事柄ではなく、深く大きな問題は、直接は、あるいは初発においては課題とはなっていないことにまで広がりをもつ場合がある。そしてその新しい課題が重要な意味を生み出すことさえある。その可能性を掴むほうが良い。

私は、二〇一二年に発表した「親鸞を通して分かること」で、後述の「真俗二諦」論に関連して次のように書いた。

「ここには、当初は異端として生まれた或る教えが大衆を捉え、広く大衆化するなかで、初発の異端の鋭い牙がその鋭意を和らげられ、やがて忘却・棄却される歴史の慣性・陥穽を見ることができる。もし、事がそれだけに終始したのであれば、その教えは風化し消滅するが、真理を深く宿している場合には、その変質・堕落にもかかわらず、今度はまた逆転が起きる。歴史に足跡を残すほどの教えは大抵はただ一つの教条としてではなく、いくつかの重要な柱となる教義によって構成されているから、堕落した教条に代えて別の教義が復活することが可能だからである」（二九頁）。

私は前稿で、共産党が一九七五年一二月に発表したいわゆる「宗教決議」は「創共協定」の処理と「一対のものとして採択された」と強調した（三三頁）。こだわった書き方をした理由は、まことに不自然なことに、『日本共産党の八十年』では両者を切り離して別々の節で記述しているからである。

だが、当事者であった上田耕一郎副委員長は、「創共協定」について九六年に「政治は可能性の芸術だというが、〈創共〉協定は歴史的傑作だったと改めて思う」と極めて高く評価したうえで、「我々にとって協定はいい勉強になった。……内容豊かな宗教テーゼが出来た」と正直に振り返っていた（アエラ編集部『創価学会解剖』一七〇頁）。つまり、「創共協定」のいわば副産物として、共産党は「宗教テーゼ」を獲得したのである。『日本共産党の八十年』では、「創共協定」を結んだ創価学会にさまざまな悪罵を投げつけているが、「宗教テーゼ」の意義を忘れ去ってよいわけではない。

歴史におけるifはせん無いことではあるが、共産党が「宗教はアヘンである」なるドグマに囚われることなく、〈宗教と社会主義との共振〉を理解していれば、創価学会側の背信に対して、「それでも私たちは協定の真意を堅持する。創価学会は初発の良心に立ち戻ってほしいと、私たちは切望する」と応えるべきだった。イエス・キリストは「右の頬を殴られたら左の頬を差し出せ」（新約聖書内『マタイによる福音書』第五章）と教えたというが、宗教者だけでなく、平和を志向するならば政治の世界でもそのような対応が望まれる。

もう一つ、「創共協定」をめぐる両者の交渉や宮本・池田対談などで「人間性社会主義」が池田氏からも共産党側からも口に出されなかったことが悔やまれる。池田氏は、なぜ「人間性社会主義」を論点にしなかったのであろうか。この時期には「人間性社会主義」を主張していたのだから、触れてもよいはずである。

上田氏の存命中に今の私の問題意識があれば、直接さまざまなことを問うことも出来たのであろうが、慙愧に堪えない。共産党がこの「内容豊かな宗教テーゼ」にもう一度立ち返ることを願うほかない（上田氏とのわずかな接点については、『友愛社会をめざして』の「回想」を参照してほしい）。

共産党の〝副産物〟から、本題に戻ろう。

「創共協定」死文化の四年後、一九七九年に池田氏は創価学会会長の座を退き、名誉会長という肩書に納まる。学会内では「五四年問題」と言われている。昭和五四年、一九七九年四月二四日の出来事である。池田氏は、新宿文化会館で全国の代表幹部の会議で「会長を退く」と表明した。この件については、二〇年後一九九九年に、池田氏は「聖教新聞」の連載随筆で「嵐の『4・24』断じて忘るな！　学会精神を」と題して明らかにした。次のように記している。

「一九七九年（昭和五十四年）の四月二十四日――。

この日、私は、十九年間にわたって務めた、創価学会第三代会長を退き、名誉会長となった。

……その背後には、悪辣なる宗門〔日蓮正宗〕の権力があり、……私を破壊させようとした、言語に絶する謀略と弾圧であった」。

この重大事態については、別稿で論じる予定であるが、本稿で留意したいことは、二〇年も経て、この件については真相を暴露したのに、なぜ「創共協定」の「死文化」については語らないのか、という問題である。つまり、なお語ることをはばかる何かが残されているのではないか。

「創共協定」について、一九七五年一一月に刊行された『革命の大河――創価学会四十五年史』はまったく触れていない。ただ、巻末の「創価学会四十五年史略年表」には、「池田会長、日本共産党中央幹部会委員長・宮本顕治氏と初の〝人生対談〟(東京、ホテル・ニューオータニ)。「毎日新聞」紙上に連載」と記されている。「創共協定」には触れずに、宮本との対談だけは書きとどめるのは不自然である。本文では同年五月のモスクワ訪問までの記述がある。

突飛な連想とも思えるが、私はここで「真俗二諦」論を想起した。「真俗二諦」論とは、親鸞の浄土真宗のなかで歴史的に賛否両論が論じられてきた問題である。親鸞は、日蓮の四九年前に生まれたし、ともに鎌倉仏教の高僧だから、この連想も許されるだろう。人間の平等を強く主張する親鸞が「主上〔天皇〕臣下。法ニ背キ義ニ違シ」と書いたことをどのように理解したよいのかが問われた。戦時中には、天皇を批判する親鸞のこの言葉は隠蔽された。「真俗二諦」を良しとする人は政治的妥協に傾き、誤りだと判断する人は宗教的信念に忠実に生きようとする。詳細については、拙稿「親鸞を通して分かること」を参照してほしい。私は妥協を排する服部之総の見解に賛成であるが、同時に「真俗二諦」のプラスの面として、その妥協のおかげで「親鸞の教えが拡が」ったことについても認める必要がある、と提起した。

この類推を活かして考えると、池田氏は、「創共協定」の「死文化」という妥協を飲んで、さらに自分の信念を貫こうとしたのではないであろうか。この判断の是非は、池田氏を超えて、その後の人びとの生き方・努力の集積によって決せられるのであろう。何を創価学会の最奥の教義としたらよいのか、それは池田氏が決定することではなく、創価学会を信じて生きる人たちによって選び取られ、決められていくのであろう。巨視的に考えれば、このように想定するだけでよいが、池田氏には「創共協定」とその「死文化」について明確にその真相を明らかにする責任がある。墓場まで語らないで済まして良い問題ではない。

最後に、「創共協定」への関心が私だけではなく、保持されていることを明らかにして本稿を閉じることにしたい。

創価学会の会員で創価女子短期大学の元非常勤講師の氏家法雄氏は、「現代を聞く会」の例会で、「公明党はどこへ行く」をテーマに講義し、最後に「創共協定の復活」に触れた（二〇一七年七月二一日）。同氏と出会うのは初めてであった。もう一人は、共産党員の田島隆氏、長野県のひとミュージアム上野誠版画館の館長。田島氏は、私が編集長をしている季刊『フラタニティ』への投書で宮本顕治の業績の一つとして「共創協定」を上げた（第一三号＝二〇一九年二月）。

この二例だけでは、私の周りで起きた奇特な例と思われるかもしれないが、二つの大きな組織の周辺には、「創共協定」への記憶がなお残され、その意義が活かされているに違いないと、私は強く祈念する。

共産党員と創価学会の平和志向の人たちが、反発するのではなく、協力することを、私は強く希望している。「創共協定」はその活路を示す指標である。

〈『「創共協定」』とは何だったのか』の訂正〉

「公明党の志村栄一文芸部長」（八頁八行）→「創価学会の……」に訂正する。

九頁三行目に「七四年五月末に最初の訪中」と挿入し、三行目の「九月三〇日、池田氏は中国を初訪問、」を削除する。九月一七日にソ連邦を訪問し、一二月に訪中した。本書六〇頁、参照。

池田大作論のために

はじめに

池田大作氏は一九二八年一月二日に東京で生まれ、今年九一歳。創価学会の名誉会長を務めている。日本史に残る稀有な傑物である。多くの歴史上の人物がそうであるように、心酔する人が多いとともに非難を浴びせる人も少なくない。それだけ影響を拡げている。すでにいくつかの池田大作論が書かれている。人間についての評価は、中国の唐、七世紀の書から伝わっているように「棺を蓋《おお》いて事定まる」である。死後、初めてその人の真価が確定する。その意味では、池田氏をどう評価すればよいのかは、なお未確定である。

本稿は、第1節で池田氏の生い立ち・人柄・人間観を概観し、第2節で「嵐の『4・24』」と池田氏自身が回顧する、一九七九年四月の会長辞任・名誉会長就任について取り上げ、第3節で池田氏の弱点として経済学の理解が不十分であることと後継者を育てられなかったことを指摘し、第4節で「嵐の『4・24』」の〈妥協〉によって得たものと失ったものを明らかにする。

欠落している問題もあり、試論である。池田氏の歩みを通して何を学ぶことが出来るのかに重点をおいて考察した。本論に進む前に、数多あるエピソードを『新・人間革命』の中から三つ紹介する。

何かの集会に都合で遅刻して参加する人に対して、池田氏は、遅れてきたことをなじったりするのではなく、「よく来たね。ご苦労様」と迎え入れることが大切だと教える。そうすれば、その人は次の集会にも参加するようになるという（二〇一三年、第二五巻、一九頁）。私も数多くの集会を企画してきたが、このような態度に気をつけたことはない。集会の中身が問題で重要なのだということにだけ気をつかう。あるいは依頼した講師には気をつかう。集会に集まってくる人、一人ひとりをこのように尊重して遇しなければならないと説く池田氏の言葉に、人びとを組織する根本・前提として、このような姿勢が求められているのだと、反省を迫られた。どの場面でもこの姿勢を貫くことは難しいが、心しておくべきであろう。

二つ目。一九六四年に布教のために生涯をかけて香港に出かける夫婦に対して、池田氏は、「絶対に威張ってはいけない。みんなと仲良くなり、友達になることです。……二年目には『仏法の生き方ではこうです』『日本では、このようにやっていますよ』とだけ話しなさい。三年目になったら、今までの香港のやり方と、日本のやり方と、どちらがよいか、決めてもらうのです」と諭した（二〇〇一年、第九巻、二二六頁）。生涯をかけて渡航する夫婦に対しての言葉だからであろうが、何という大きな姿勢なのか、拙速でミスを重ねているわが身に照らして、ただ驚嘆するだけである。

三つ目。「一九七三年の秋、信濃町〔学会本部〕で会談した〔松下電器の〕松下幸之助」が池田氏に対して「これから私は、先生を『お父さま』とお呼びしたい」と話しかけ、池田氏は「とんでもないことです」と断ったが、「結局、互いに『お父さま』と呼ぶことで、ようやく話は収まった」(二〇一〇年、第二二巻、八二頁、九一頁)。仏教にも深い関心をいだく松下は池田氏より三四歳も年上である。ただ驚くほかない。

また、詳しくは後述するが、池田氏は、創価学会の指導部に対しては厳しい。一九七四年、福岡県で開かれた「本部幹部会」についての記述では、「伸一〔池田〕は、幹部が〝人びとの苦悩を凝視する心〟を失うことを、最も恐れていた。その心を失えば、いつか組織は、形骸化、官僚化していくからだ」と書かれている(二〇一三年、第二五巻、一一一頁)。

全三〇巻(三一冊)にも及ぶ超長編の『新・人間革命』には、どの巻にも心を震わす池田氏の言動が活写されている。子どもや年配者に寄り添い、細やかに誠実に接し、組織の指導部に厳しく訓示する池田氏の振る舞いは、小説ゆえの誇張がいくらかはあるかもしれないが、学ばなくてはと強く迫ってくる。

第1節　生い立ち・人柄・人間観

A　生い立ち

まず池田氏の生い立ちについて簡単に見ておこう。主に央忠邦の『池田大作論』(一九六九年)

に拠って記述する。央は、池田氏とは親近的で、以下の記述には池田氏自身の回想も引用されている（煩瑣になるので、引用符は省略する）。

池田氏は、一九二八年一月二日、東京・大森（現・大田区）の羽田海岸に近い田園地帯で生まれた。家は海苔製造業。五男だった。家族は兄四人、弟二人、妹一人。身体は弱かった。小学校二年生のころから海苔作りの手伝いをした。兄たちは戦争に駆り出されていた。一九二三年の関東大震災の直後に事業が失敗し、困窮した。学校の成績は中くらい。新聞配達もしていた。結核で胸を完全にやられ、結核療養所に入院する予定になっていた時期に、一〇万人が死亡した、四五年四月一〇日の東京大空襲で住んでいた鎌田地区は全滅した。九月二日に敗戦となったが、長兄は戦死した。父親は「大作は若死する」と口癖のように嘆いていた（二二頁〜五五頁）。

敗戦後、家を出て、狭いアパートに移り住む。創価学会の公式サイトでは、「一九四七年八月に、小学校時代の友人に誘われ、初めて創価学会の座談会に出席。そこで生涯の師となる戸田城聖先生と出会い、その人格に感銘を受け、創価学会に入会しました。一九歳の時でした」と書かれている。

池田氏は五二年五月に結婚する。二三歳。妻の白木香峯子さんは一九歳。媒酌人は戸田。三人の男子が生まれ、質素な生活を送った。賭け事もゴルフもせず、タバコは吸うが酒は飲めない。夫婦喧嘩はしたことがないという。住居も慎ましい。六〇年に会長に就任したしばらく後に住んでいた新宿の借家は五人？で住むには狭いものであった。良く読書した。公式サイトでは「青春時代は、肺病と闘うなかで、トルストイ、ユゴー、ゲーテ、ホイットマンらの文学を読み、詩を創作し、人生の意義について思索をめぐらせる日々でした」とある。学歴については央は書いていない。公式サイトでは「富士短期大学卒」と記されているが、卒業年度は不記載。後述の『二十一世紀への対話』の中巻の奥付には「富士短期大学経済学科卒業」とある（上巻には無し）。

浅野秀満の『私の見た創価学会』（一九七四年）も池田氏を尊敬する立場からの著作であるが、「池田家の生活ぶりは質素で地味だ」（一六二頁）と書いている。「お手伝いさん一人も含め六人家族」と書いてある（一四七頁）。

B　人柄

次に池田氏の人柄について明らかにしよう。

池田氏の人柄については、親近的な姿勢の人も対立的な立場の人もさまざまに評している。どの領域（芸術、科学、日常など）かは別として、一般的な意味で才能が高いと評価されている。

藤原弘達は、「教祖的資格として卓越した能力をもっていると同時に、オルガナイザーとしての才腕をも両立してもっている」と書いている（『創価学会を斬る』一六六頁）。池田非難本を数冊書いている古川利明は、藤原行正の『池田大作の素顔』から「カネのある家か、カネのない家か。独特の動物的なカンを発揮し、その懐事情をピタリといい当てる」と引用している（『システムとしての創価学会＝公明党』五四頁）。浅野秀満は「記憶力」が抜群で、二度目に会った人に前回の様子を言い当てて驚かすと書いている（『私の見た創価学会』一六九頁）。央忠邦は、「人物についての鑑定眼は常人ではない」と評している（『池田大作論』八一頁）。

古川はまた「末端の会員に対する気の使い方は、ものすごいものがあるという」とも書いている（『シンジケートとしての創価学会＝公明党』二〇頁）。藤原も「会長の座につくと、とたんに物腰がやわらかくなり、ひとの気をそらさず、よく気のつく人物になった」とか、「人間関係に対してはまことに細心の注意を払っている」としている（『創価学会を斬る』一〇二頁、一九一頁）。古川はさらに「相手の深層心理にピタリとハマるように波長を合わせてくる『他心通』の力」によって「内外の著名人」に食い入っているとしている（『カルトとしての創価学会＝公明党』一三一頁、二〇五頁）。古川は「元学会員」の声として「池田の一見したイメージは、独裁者にありがちな〝威圧感〟や〝独善性〟ではない」と書いている（『カルトとしての創価学会＝公明党』一三〇頁）。央は、「会員たちに『君臨』するという姿勢をみせたことがない」と言う（『池田大作論』二二〇頁）。

酷評を繰り返している古川が、池田氏の「青春時代にしたためたと思われる作品の中には、思わず胸を打つものがある」として、「森ケ崎海岸」という詩を一頁近く引用しているのも興味ふかい。その数頁あとには、池田の古い友人の言葉として「僕の知っている郷友会（二〇歳代の読書仲間）時代の池田君は、すごく純粋でした」と記している（やがて「汚れていく」と続くのだが。『カルトとしての創価学会＝公明党』一五四頁、一六二頁）。

私が創価学会員から聞いた話では、或る時に少年少女を集めた席で、いくらかのお金をプレゼントすることになり、係りの人がしわだらけの紙幣を無造作に封筒に入れて渡そうとしたら、「子どもだからといって粗末な扱いをするな」ときびしく叱りつけたという。

また、一九七〇年代に創価学会の本部に勤務した経験のある或る人によると、池田氏は職員に対等に接し、話していると心に落ち着きを覚える人だったという。

「人柄」の項目で書くのは適切ではないが、アエラ編集部によれば、「九六年一月に開かれた松本サリン事件公判の冒頭陳述では、オウム真理教が池田の暗殺を企み、東京の牧口記念館周辺でサリンを散布した事実が明らかになった」という（『創価学会解剖』四七頁）。いつ起きたのかは書いてないが、九三年のことらしい。この事件はなぜか創価学会側が警察に通報することなく、闇に消えてしまったという。

C　人間観

さらに池田氏の人間観について明らかにしよう。

それにはイギリスの著名な歴史学者アーノルド・トインビーとの対談『二十一世紀への対話』が適切である。この対談はロンドンで一九七二年と翌年に行われ、七四年に日本で、翌年イギリスで刊行された。「二八言語で出版され、池田の著作のなかで最も有名な一冊になっている」（『民衆こそ王者』Ｉ、二二三頁）。

この『二十一世紀への対話』の「訳者あとがき」には「現代世界の抱えるあらゆる難問題を、縦横無尽に、よどみなく、高度な表現で論じ合い、それぞれに明快な解答を与えていく」と書かれている（下巻、二四八頁）。やや過剰な賛美ではあるが、それほど離れているわけでもない。

「第一部　人生と社会　第一章　人間はいかなる存在か」から、「第三部　哲学と宗教　第三章　善悪と倫理的実践」まで一二の章立てで、「遺伝と環境」「現代都市の諸問題」「終末論」「地球の汚染」「知識人・芸術家の政治参加」「臓器移植」「新しい労働運動のあり方」「信教の自由」「死刑廃止」「自殺と安楽死」「近代西欧の三宗教」「愛と慈悲の実践」など多岐にわたる問題を取り上げている。

「第一章　人間はいかなる存在か」の冒頭の一句は、「人間とはいかなる存在であるか、またどうあらねばならないかを考えるとき」と書かれている（上巻、一九頁）。池田氏が意識していたかどうかは分からないが、これはマルクスの『ドイツ・イデオロギー』の「序文」冒頭とそっくりである。

本書については独立して真正面から学んで論述しなくてはいけないが、とてもその余裕はない。ここではいくつかの要点を引用だけする。

池田氏は「第一章　人間はいかなる存在か」の初めに「人間の本能的欲望」として「性欲」を取り上げている。

「生物と環境が一体不可分である」ことを、「仏法の〝依正不二〟」から説いている（同、三七頁）。アインシュタインの言葉「宗教なき科学は不完全であり、科学なき宗教にも欠陥がある」を引いている（六七頁）。ただ、本書では宗教者ではないトインビーに配慮してか、「哲学、宗教」と何回も言葉を重ねている。

「土地は、一部の金持ちや、投機をねらうブローカーの独占物にさせては断じてなりません」

(同、九四頁)。

「公共の機関が個人に教えるべきことは、個人の自由な判断を尊重できるような、それぞれの人格を磨くことであり、正しい判断のための素材を与えること」(同、一四三頁)。

文学については、「自由な創造的精神が生み出されるためには、人生に対する真摯な姿勢、人間の苦悩に取り組む何らかの動機がなければなりません」(一六一頁)。「人間が地獄に向かって真っ逆さまにおちていく姿に〝美〟を求めようとするような文学が与えるものは、生への絶望的な気分でしょう。あくまで人間として生き抜く真摯な姿のなかに、人間らしい生命の尊厳が見いだされる」(同、一六二頁)。

「人間とは、思想により理念を形成し、理想を設定し、それへ向かって努力する存在であり、ここに人間の尊さがある」(同、一八六頁)。

臓器移植については、「生命の尊厳に対する畏敬の念が薄れ、倫理観の低下」を問題だと指摘する(同、一九四頁)。

「組織と人間」の問題については、「組織が主であって人間は従であるという観念が、いまだに多くの場面にしみついている」(同、三一三頁)。「成員一人一人が、組織の目的と現状が合致しているかどうかを常に判断できる英知、そして必要とあらば現状の改革に取り組む判断力、実行力をもつことが大切でしょう」(同、三一五頁)。

「自殺」や「安楽死」についても語っている。自殺した「ソクラテスの場合」に関して、「悲劇的な死は、政治や人間に対して憎悪を植えつける作用があり、私には感心できません」（同、一八二頁）。また、ベートーベンが「三二歳のとき耳疾を苦にして自殺の瀬戸際までおいつめられ」たこと、そこを超えて「運命」を作曲したことを教えられた（同、三七〇頁）。

以上、上巻から要点を抜粋しただけだが、どの問題も過去の歴史的事実に踏まえた深い考察である。

さらに池田氏の人間観の特徴は、日本一国の狭いレベルを超えて世界的視野を志向していることである。先代の戸田城聖が一九五二年に創唱した「地球民族主義」を継承・強調した。「日本人として生きるべきか、韓国人として生きるべきか」に悩む青年に「地球人として生きなさい」と教え、一九七五年にグアムで開催された創価学会インターナショナル（ＳＧＩ）が結成された国際会議では「国籍」欄に「世界」と記入した（二〇一二年、第二四巻、二一七〜二一八頁。国籍の件については、一〇年、第二一巻、一〇頁にも）。池田氏は「仏法に国境はありません」と確言している（二〇〇一年、第九巻、三〇七頁）。

だから国連を重視し、国際的交流を重ねている。創価学会会長に就任した一九六〇年一〇月にアメリカ各地を訪問（同年七月には米軍占領下の沖縄を訪問。『革命の大河』一九八頁〜二〇〇頁）していらい外国訪問は五四カ国に及び、各国の首脳と会談を重ねている。この国際的志向性は、早くから発揮されていた。七五年一月のＳＧＩの創成もその一環である。

池田氏の外国訪問・各界要人との交流については、『私の世界交友録』（一九九六年）が刊行されている。それらを紹介するだけでも長い論文が必要となるので、割愛するほかないが、一つだけエピソードを紹介する。池田氏は一九七四年九月にソ連邦を訪問した。このソ連邦訪問については、創価「学会の首脳さえも反対であった」と明らかにされている（二〇〇九年、第二〇巻、一六七頁）。池田氏は「対文連のN・V・ポポワ議長」に、「これは以前、ソ連科学アカデミーの方に提案したことですが、ソ連は自由を重んじていることを証明するためにも、モスクワに仏教寺院を建設してはどうでしょうか」と語りかけた。こういう提案をした人物が過去に居たかどうかは知らないが、この大胆かつ率直な会話は記憶に値いする。

なお、第三部の宗教論については一読するだけでは理解が困難であり、私には違和感も強い。池田氏は『新・人間革命』では天皇については、わずかに一度だけ触れている。それも「戸田先生が「歌った」「〝大楠公〟の歌」の歌詞に出てくる「大君」について、「『大君に』とは、この詞のうえからは天皇ということになりますが、先生の元意は違います。仏法に尽くせ……民衆に、人類に尽くせ……というお気持ちでありました」と説明している文脈である（二〇〇一年、第九巻、一五三頁）。「天皇陛下」ではなく「天皇」である。池田氏はすべての著作ではないが、多くは西暦を先にしてカッコで元号を記している。

第2節　「嵐の『4・24』」とは何か

本節では池田氏の足跡のなかで重要と考えられる出来事をいくつか明らかにしたい。①一九六〇年に創価学会の第三代会長に就任、②七四年から七五年の「創共協定」締結とその「死文化」、③七九年四月の会長辞任・名誉会長就任、④九六年からの『法華経の智慧』執筆、⑤創価学会インターナショナルの活動、とくに例年の「一・二六提言」発表、が上げられる。他にも、日蓮正宗との宗派的抗争、池田氏の代表作となっている『人間革命』（六四年末に沖縄を訪問して起稿）、『新・人間革命』（一九八九年〜二〇一八年）、外国の要人との交流なども深く考察しなくてはならないが、本稿では十分には論及できない。

①の会長就任について。一九六〇年五月に弱冠三二歳で、一〇〇万世帯近くの会員を抱える創価学会の会長に就任した（同年一〇月末に「百万世帯を突破した」『革命の大河』一七八頁）。これだけ大きな組織のトップに三二歳で就任する例は余り存在しないのではないか。抜群の才能を保持していたことを現している。第二代会長の戸田城聖は五八年に没していた。五六年に大阪で飛躍的に組織を拡大したが、その「折伏の大旋風」（同、一四九頁）の先頭で指導したのが、池田参謀室長であった。同年に参議院選挙に三人が当選・進出した。この池田氏の業績は「大阪の奇跡」として言い伝えられている。その実績が認められたのである。

②の「創共協定」締結とその「死文化」については、別稿で解明した。その核心は、池田氏は公明党委員長の竹入義勝氏らに妥協して「創共協定」の「死文化」を受け入れたことにある。この問題について、池田氏は黙して語らないが、是非とも明らかにする義務がある。

本稿では、主要には③について取り上げる。この問題は、池田氏の実像を解明する場合の核心的要点である。

実はこの会長辞任について、池田氏自身が明らかにしている。この二〇年後、一九九九年に「聖教新聞」の連載随筆で「嵐の『4・24』断じて忘るな！　学会精神を」と題して、次のように記している。

「一九七九年（昭和五十四年）の四月二十四日――。

この日、私は、十九年間にわたって務めた、創価学会第三代会長を退き、名誉会長となった。

……その背後には、悪辣なる宗門（日蓮正宗）の権力があり、……私を破壊させようとした、言語に絶する謀略と弾圧であった」。

「ある日、最高幹部たちに、私は聞いた。『私が会長を辞めれば、事態は収まるんだな』。沈痛な空気が流れた。やがて、誰かが口を開いた。『時の流れは逆らえません』沈黙が凍りついた」。

「幹部たちは、宗門と退転・反逆者の策略に、完全に虜になってしまったのである」。

「『あんなに暗く、希望のない会合はなかった』と、当時の参加者は、皆、後に、怒り狂っていた」。

この危急存亡の時に、池田氏の周囲の側近や幹部たちはどのように振舞ったのか、そしてその対応を池田氏はどのように意識していたのか。

二〇年の時を経て、池田氏はこのように厳しい語調で記した。余りにも赤裸々な実態ではないか。

池田氏は孤立していたのだ！

池田氏は、『新・人間革命』で「牧口を人生の師と定めていた」戸田についての記述で次のように書いた。

「師匠が最大の窮地に立った時に、弟子が何をするのか——それこそが、ほんとうの弟子か、口先だけの、あわよくば師を利用しようとする弟子かを見極める、試金石といえよう」（二〇一三年、第二五巻、三七一頁）。

あるいは戦時中の戸田の苛酷な体験を想起していたのではないか。

「戸田は、戦時中、軍部政府の弾圧で逮捕された二一人の幹部のうち、会長の牧口常三郎と自分以外は、皆、退転（左翼用語では「転向」）するという一大痛恨事を体験した」（二〇一二年、第二四巻、一六七頁）。

これらの記述は、「嵐の『4・24』断じて忘るな！ 学会精神を」から十数年後の二〇一二年、一三年のものであるが、事が起きた時点一九七九年にも同じ思いであったに違いない。

「嵐の『4・24』」を含むこの連載は翌二〇〇〇年、聖教新聞社から変形の美装本『随筆　桜の城』として刊行された（以上の引用は本書、五五頁〜六〇頁。以下『桜の城』と略）。

どうしてこれほど重大な事実について、池田氏は二〇年も黙して語らなかったのであろうか。よくも我慢できたものだと驚く。この疑問を解くことも重要であるが、その前にいくつか関連して捉えるべきことがある。

池田氏は本書の最後に二〇〇〇年二月八日に沖縄で書いた「長編詩　愛する学園の　わが子に贈る」を収録している。そこには、「ある日　ある時／ふと　私は妻に漏らした／『嫉妬渦巻く日本を去ろう／世界が待っているから』」（／は改行）とある。妻が「あなたには　学園生がいます」と「微笑んで言った」。その少し後に「一九七九年（昭和五十四年）／せめてもの思いで訪れた／東京校の栄光寮」と続く（三二六頁～三二八頁）。「4・24」が如何に重い出来事だったのかを知ることが出来る。「ある日」とはその直後であろう。

さらに後日談がある。何時のころからかは不明であるが、『桜の城』は絶版扱いとなっている（私が入手したのは、二〇〇八年第一二刷）。聖教新聞社で検索すると、「該当する記事がありません」と表示される。

重ねておかしなことがある。二〇一一年に著者が「池田大作とその時代」編纂委員会という『民衆こそ王者　池田大作とその時代』Ｉが潮出版社から刊行された（全一二巻、二〇一五年）。表紙と背表紙には「〈人間革命の奔流〉篇」とも記されている。第一巻には前年に月刊『潮』（潮出版社）に連載された論文を八つ収録してある。

その第六章に「『随筆　新人間革命』に綴られた胸中」なる小見出しで、「会長辞任からちょうど二十年たった春」に「聖教新聞」で「池田はこう綴っている」として、前記の引用とほぼ同じ記述がある（一七〇頁～一七一頁）。ところが、この記述には『桜の城』は載っていない。普通なら、原文の掲載紙名は表示するにしても、入手しやすい『桜の城』を出典として記述するはずである。なぜ『桜の城』には触れないのか。『民衆こそ王者』Ⅰが刊行された時期には『桜の城』も販売されていたと思うが、『桜の城』はその後、絶版となった。絶版を予期しての不記述なのであろうか。池田発言を引用した後の記述も意味深長である。

「池田はまさに、学会精神の衰弱に直面していたのである」と結論した後「◇」を入れて行替えして、「牧口〔常三郎〕の時代から学会と宗門の歴史を知る辻武寿は、九二歳の今も、池田の会長辞任について、『本当に申し訳ないことをしてしまった。悔やんでも悔やみきれない』と述懐する。／現会長の原田稔は語る。／『……池田先生を守ることはできなかった……』」（／は改行。一七一頁、一七二頁）。

原田発言の全部は引用しないが、心のこもった辻発言と比べるといかにも軽薄である。だから、「述懐する」よりも軽い「語る」と記述されている。辻は牧口時代からのトップ幹部だった。

この著作の著者＝「池田大作とその時代」編纂委員会の構成メンバーが誰なのかは不明であるが、以上の記述にはもっと何か裏があるように推察できる。

この時期の池田氏をめぐる動向を明らかにする記述が、次の第七章にあるので、見ておこう。第七章のタイトルは「報道されなかった〝獅子のドラマ〟」で、タイトルの頁には次のようなリードが付されている。

「池田の指導、動向が報じられない日々が続いていた一九八〇年四月。異例の予告記事が聖教新聞に掲載される。『名誉会長は福岡、関西、中部の激励に当たる予定』。会長辞任から一年。

会員との絆を分断しようとする画策を打ち破り、『獅子』の反転攻勢が始まった」(一七九頁)。言うまでもなく、「獅子」とは池田氏。彼が各地を訪問するという予告が「異例」だというのである。名誉会長という普通の感覚からは上位の肩書となったのに、池田氏の行動は封じられていたのである。ここでまた、話は池田氏がタイトルにして強調する「嵐の『4・24』」に戻る。「嵐の『4・24』」は、池田氏の孤立と「学会精神の衰弱」を露わにした出来事だったのであり、彼の側近たちにとっては知られたくない、隠しておきたい傷なのである。だから、『桜の城』は破格の美装本として出版されたのに絶版になった。

しかし、『民衆こそ王者』Ⅰは刊行された。何とも不自然で不可解な成り行きである。何かの対立が交錯しているに違いない。破格の美装本作りに心血を注ぐ人たちと、絶版を命令する者が存在する。

なお、ここで私が明らかにした事実を取り上げて検討する研究は、これまで無かったようである。池田氏の『桜の城』は二〇〇〇年には刊行されていたのだから、それ以降に書かれた類書・研究者の問題意識は、私とは大きくズレている。

この「嵐の『4・24』」の二年八カ月後、一九八一年一二月に開催された公明党の第一九回大会で「日米安保条約是認」「自衛隊合憲」に転換した。この〈右転落〉と「嵐の『4・24』」とは深く結びついていた、と私は推察する。この転換について、『公明党50年の歩み』では、「約4年近くの党内論議を積み重ね」と説明されている(一四〇頁)。時期的に重なっていたのである。この一言だけであるが、その経過と内実をぜひとも明らかにしてほしい。

以上の経過を全体として把握すると、池田氏は出発点で明確にしていた〈平和志向〉を捨てたのではなく、公明党や創価学会指導部との〈微妙なバランス〉を保持しながら追求していると考えたほうが良い。その一例として、二〇〇一年九月に「毎日新聞」のインタビューで「私は絶対に第9条だけは変えてはいけないと思います」と語ったことを上げることが出来る（『実名告発・創価学会』四三頁）。〈微妙なバランス〉は、毎年一月二六日に発表される「SGI提言」の中身とそれが「公明新聞」ではまったく報道されないことに示されている（別稿、参照）。創価学会に「君臨する池田」という固定観念に囚われていては気づくことができない。

第3節　池田大作の弱点

天は二物を与えず、と言われている。第1節で明らかにしたように、池田氏は類まれな異能を備えているが、弱点がないわけではない。

池田氏は経済学についての理解が十分ではない。マルクス主義についても批判的に言及しているから、マルクス経済学の初歩的な理解が備わっていてもよいはずなのに、そこはバイパスしている。一九六四年末に公明党結成に合わせて刊行した『政治と宗教』は「人間性社会主義」についても詳述し、その前提として「西洋の政治思想史」「東洋の政治思想史」「日本の政治思想史」について深い理解を説いていた。だが、そこでは経済学が欠落していた。一冊の著作でどの領域についてもフォローすることは難しいし、どうしても論及しなくてはいけないというわけではないが、別著を参照せよという指示はない。多くの著作を著しているにもかかわらず、経済学関連のものはない。だから弱点と指摘することは許される。『新・人間革命』の第1巻の最初の「旭日」の初めのほうに「人間は、その確かなる軌道の法則を、追求する生き物である。科学も、政治も、社会も、宗教も、目的はこの一点にあらねばならない」と書いてある（一九九八年、第一巻、一五頁）。その「目的」とは直前に示されている「幸福」である。問題は「科学、政治、社会、宗教」と四つ上げられているが、「経済」が欠落していることにある。書き損じではなく、「経済」軽視が招いたに違いない。第1節Cで取り上げた『二十一世紀への対話』の目次には「経済」の二文字は第二部第二章の「1経済発展と戦争」にだけ出てくる。

この対談でも「資本主義か社会主義かの論争」についても簡単に言及し（上巻、二二七頁）、「利潤追求を第一義として、人間一人一人の幸福を犠牲にしてきた資本主義体制」とも語っている（同、二四八頁）。だが、「資本主義も社会主義も、いずれもその視野が経済面に限定されたイデオロギーであるというただいまのご指摘は、非常に重要な意味をもっていると思います」とトインビーに迎合している（同、二三〇頁）。ここでは体制とイデオロギーとの次元の相違が無視されている。

この対談では、「戦争の最大の淵源となっている経済のあり方に対しては、どうしても根本的な転換がなされなければならないと考えるのです」（中巻、七九頁）と語っているが、この一言だけで説明はゼロである。どのような「転換」がいかにして実現されるのか、まったく分からない。問題はこの「経済」軽視という弱点がどのような認識をもたらしているか、にある。次のような発言をどのように理解すればよいのだろうか。

「ある学者は、資本主義だの、共産主義だのというのは、上着を着るか着ないかというようなものだといっておりました」（央忠邦『池田大作論』二二八頁）。

これは、一九六八年の創価学会「第三一回本部総会」での講演からである。どう考えても暴言と評するほかない。

さらに、一九九一年末のソ連邦の崩壊によって全世界的に広がった「社会主義崩壊」論の影響（この問題については関連する拙著参照）がこの理解を加速させる。

これと同じ認識は、池田氏が一九九五年に創価学会の月刊誌『大百蓮華』に連載を開始した、「法華経の智慧」の冒頭にも示されていた（この連載は翌年から全六巻の『法華経の智慧』として刊行された）。「社会主義でも資本主義でも救われない」と書いてある（第一巻、六頁）。前記の「共産主義」が「社会主義」となっているが、その区別は池田氏にはないだろうし、常識のレベルでは同じとされている。ここでは、池田氏が「資本主義」と「社会主義」を同じものと理解している点が問題なのである。三〇〇年も全世界的に存続する「資本主義」とわずか一国でしかも七四年間存続したに過ぎない、ロシアの「社会主義」とを同列に扱うのは根本的誤りである。四〇歳の壮年と一〇歳の小学生とを比較して身体能力を問題にすることは無い。「社会主義」の実現には数世紀以上かかる長期の努力が必要だと考えたほうがよい。一九一七年の革命後のロシアは〈社会主義志向国〉、あるいは〈社会主義への過渡期〉として捉えるべきである。同時に、経済学の初歩的認識の欠如も災いしている。マルクス経済学では、資本制生産は賃労働と資本との関係を基軸として、利潤追求を目的・動機として実現するものとして捉え、社会主義はこの関係を廃絶・止揚するものと構想されている。その核心は、〈労働力の商品化の廃絶〉である。

池田氏はこのような致命的弱点を内包していたが、「社会主義」については好意的に理解していたことを、忘れてはいけない。池田氏は、一九六四年にチェコスロバキアやハンガリーを訪問したが、その時のことを記述した部分で「社会主義」について語っている。五六年のハンガリー事件を振り返り、「しかし、では、社会主義そのものが根本的に否定されるべきものかというと、決してそうではあるまい」として、「計画経済〔の〕必要」にも触れ、「社会主義の道徳的な特質である、『平等』や『公正』の理念」と書いている（『新・人間革命』二〇〇一年、第九巻、二八四頁）。そして、「スターリニズム」に対しても「民衆蔑視の特権意識」「『赤い貴族』」と批判を加えている（同、二八二頁、二八七頁）。そこでは、「私たちは、人間革命を基軸とした総体革命」を目指していると説き、「その方法は、急進的な暴力革命ではない。どこまでも、漸進的な非暴力の革命である」とする（同、二八六頁〜二八七頁）。ここで、池田氏は「その新しい社会主義の指標として、『人間性社会主義』を提唱していたが、その核心を、ますます強くしたのである」とすら書いている。この巻は二〇〇一年に刊行されているが、「人間性社会主義」に触れていることにも注意する必要がある。

池田氏は、このように「社会主義」を好意的・肯定的に評価・認識していたがゆえに、共産党と「創共協定」を結んだのである。

もう一つの弱点は、理論的な次元とは別であるが、膨大といってもよいほどに自身への心酔者を生み出しながら、確かな後継者を育てられなかった。というよりも逆に少なくない側近の離反を招いた。ウィキペディアには、「批判する立場になった、または袂を分けた元幹部」として、龍年光(元創価学会幹部・元公明政治連盟書記長・元公明党東京都議会議員)、原島嵩(元創価学会教学部長)、山崎正友(元創価学会副理事長・元顧問弁護士)、竹入義勝(公明党元委員長)、矢野絢也(公明党元委員長)、福島源次郎(元創価学会副会長)、石田次男(元公明党参議院議員)、大橋敏雄(元公明党衆議院議員)、ほか五人が上げられている。このリストにはないが、藤原行正(都議会議員)は池田暗殺を企てた。野田峯雄は中西治雄などもあげている(『池田大作金脈の研究』一七四頁)。

どのような組織であれ、大きくなると内部の対立や抗争は半ば不可避であるとも言えるが、竹入氏や矢野は公明党委員長を務めたトップ幹部である。事情をまったく知らないから、推測するほかないが、池田氏には何か欠損するものがあるのであろう。後継者が育っていないことは事実であり、創価学会の今後に暗い影を落としている。「指導者にとってその真価が問われるのは、どれだけ優れた後継者を育てたかです」。この言葉は、本稿で何度も引いている『二十一世紀への対話』からである(中巻、一二六頁)。四半世紀近く前の発言ではあるが、自身に重く突き刺さるのではないか。

第4節 〈妥協〉によって得たものと失ったもの

第2節で明らかにしたように、「嵐の『4・24』」は池田氏の生涯にとって極めて大きな意味をもっていた。以下に論述するように、この時の池田氏の決断は、「屈服」ではなく、〈妥協〉と評価するべきだと、私は考える。この〈妥協〉によって得たものと失ったものは何だったのか。

一般的に言えば、世間の常識に逆らって筋や信条を貫いて生きようとする人は、妥協を迫られることが少なくない。人間は、自分の思い通りには生きていけないことが多い。注意したほうが良いことがある。境界線を引くことは難しいが、妥協と屈服とは異なる。何かを譲る代わりに、何かを得るのが〈妥協〉である。デモで逮捕されれば自白を強要される。この場合、自白は妥協ではなく屈服である。日本でも二〇一六年に司法取引が導入されるようになったが、この場合は妥協といえる。

では、池田氏は、「嵐の『4・24』」によって、何を得て、何を失ったのか。

得たものは、第一に創価学会の内紛・分裂を回避し、元会長としての自身の位置を保全したことである。新たに設置された「名誉会長」には、新たに決められた「会則」には何の規定も権限もなく、会長室の使用さえ出来なくなったと言われている。執務する机もなくなり、ボイラー室に机を運んでそこで過ごすこともあったという。

一九八〇年一一月一八日に創価大学・中央体育館で「創価学会創立50周年記念慶祝式典」が開催された。参加者は七〇〇〇人。池田氏は、「4・24」直後の五月三日の「『七つの鐘』総仕上げ記念第40回本部総会」（同所、四三〇〇人）いらい久しぶりに登場して短い挨拶を述べたが、彼が着席したのは、幹部が居並ぶ壇上ではなく、会場二階最前列のロイヤルボックスで、そこには日蓮正宗の日顕法主も来賓として着座していた。なぜ、名誉会長が「来賓」つまり部外者とされたのか。

しかし、そのような実態は伝えられることはなく、池田氏と創価学会員との絆を断ち切ることは出来なかった。前記の「『獅子』の反転攻勢」に活写されているように、池田氏は創価学会員の下からの絶大な熱望と支持を得ていたからである。池田氏は、創価学会から放逐されることは免れた。

第二に、そのことは別稿で明らかにした巨大な規模をなす創価学会の潤沢な資金を活用する保障を得た。会長室さえ失うほどであったから、資金を自由に扱えたわけではないが、この財政的な支えがあればこそ、一九七五年一月に創設された創価学会インタナショナル（ＳＧＩ）の会長としてＳＧＩの国際的活動や諸外国の要人との交流が可能となった。断るまでもなく、財政的保証があるだけでは、要人との交流が可能になるわけではない。理論的人格的内実が伴わなければならない。巨万の蓄財があっても、誰もがトインビーとの対話や『私の世界交友録』に収録されている内実のある対談を実現できるわけではない。

従って、この二つの獲得は、きわめて大きな意味をもつ。

だが、その見返りに失ったこともある。それが何かを見定めるために、もう一度当時の流れを振り返ってみよう。

「嵐の『4・24』」は、そこで池田氏が強調しているように日蓮正宗が「敵」であった。日蓮正宗との積年の宗教的対立と抗争については、仏教の奥義についての理解が必要となるが、勉強不足なので論及できない。だが、きわめて複雑だと考えられる。創価学会が池田氏を先頭にして一体となって日蓮正宗と抗争したのではなく、創価学会の内部に池田氏とは異なる傾向も強く存在し、池田氏は孤立していた。

創価学会を巨大な組織に創り上げた池田氏の実力・指導力は抜群であり、創価学会員は彼を深く尊敬し、きわめて高く信頼している。その絆は非常に強い。そのことは、前記の「『獅子』の反転攻勢」に明らかである。それゆえ、池田氏を排除することは出来ないが、彼の志向性＝革新性にはついていけない（あるいは反対する）幹部にとっては、この妥協は池田氏を抑え込むチャンスとして利用する絶好の出来事だったに違いない。

『民衆こそ王者』Ｉが暴露しているように、池田氏の行動は掣肘され、「聖教新聞」には一年間もその動向さえ報道されなかった。「例外として、〝海外での動向は報じてよい〟となっていた」（一八九頁）。

ここで、「嵐の『4・24』」の四年前に起きていた出来事を想起する必要がある。「創共協定」の「死文化」である。「共産党とは共闘はしない」ことが論点であったが、別言すると公明党指導部の意向には逆らわないということである。池田氏は、「協定死文化の後、自宅の寝床で公明党や学会幹部の名前を挙げて、番狂わせだ、とグチをこぼしていた」という（「池田側近で教学部長だった原島崇」氏の発言。アエラ編集部編『創価学会解剖』一六三、一六四頁）。

そして、時計の針を逆方向に転じると、二年八カ月後の一九八一年一二月に公明党第一九回大会での〈右転落〉が決定される。この方針転換については、前記のように『公明党50年の歩み』では「約4年近くの党内論議を積み重ね」としか明らかにされていないが、この三つの出来事は深く関連しているに違いない。「創共協定」締結時には、共産党の最高幹部・宮本顕治との対談で、「戸田城聖会長から右寄りになった。自分がその軌道を左寄りに修正した」とまで語っていた（松本清張『作家の手帖』三三三頁）が、この「左寄り」、別言すれば「革新」の志向性を、池田氏は貫くことができなかったのである。市川雄一書記長は九〇年一一月の第二九回党大会で、「『今まではやや固定的に左であった路線を、本来の中道にきちっと戻すことだ』との考え方を強調」（一五五頁）した、と『50年の歩み』に書いている。

池田氏は、この「脱革新」への妥協と併行して、公明党を創成するさいに、綱領の四項目の二つ目に明示した「人間性社会主義」の旗を忘却してしまった。経済学での弱点がこの傾向を加速させた点も見落とすことが出来ない。

こうして池田氏は、国内政治には余り口出ししないで、国際活動――ＳＧＩの活動と外国要人との交流・対話に重点を移すことになった。『民衆こそ王者』Ｉでは「会長辞任後、池田が海外要人と会見する回数は増えていった。一九七七年の七回、七八年の一八回に比べ、辞任した七九年は四六回、翌年は五一回、そして八一年には一〇〇回を超えている」(一八六頁)。世界平和と国際問題に主眼を置くSGIの活動の重点課題は、一九八三年いらい毎年発表される「1・26提言」として残される。今年の「1・26提言」では、公明党とは逆に、核兵器禁止条約の批准を強調している(この問題については別稿、参照)。

このように池田氏は、公明党や創価学会の指導部内の右寄り傾向に〈妥協〉することになったが、屈服したわけではなく、可能な領域で自身の信念を貫こうとしたのであろう。国際活動の他には、九六年以降の『法華経の智慧』が特筆される。この全六巻の著作は、創価学会の三人の幹部を相手に『法華経』の真髄を解説したもので、創価学会が宗教団体として活動する上では極めて重要な位置を占める。恐らく池田氏は、自らの没後も念頭に次世代にも伝えられるものと位置づけて語ったのであろう。彼のほかにはこのような宗教的内実を語るものは創価学会のなかにはいない。今後もそういう人は現れないであろう。現在の会長・原田稔氏は、一九四一年生まれで東大経済学部卒であるが、ウィキペディアでは彼の著作は『青年と仏法 50問50答』(第三文明社、一九七六年)だけである。

池田氏の〈妥協〉が正しかったのか、許される範囲内だったのかは、軽々に論じることはできない。親鸞の浄土真宗の場合にも、「真俗二諦」論として大問題になっているように、妥協ゆえに広布が広がった面も存在した(別稿参照)。

高い理想への道程は、一直線にではなく、複雑な難路を潜り抜けてこそ切り開かれて行くのではないだろうか。誤りや妥協をただ断罪するだけではなく、歴史的経験を通して、何を教訓として掴んでいくのかこそが問われているのである。

むすび

以上に略述したように、池田大作氏は、稀代の傑物と評価できる。特定の人物をテーマとして勉強するのは初めてであり、二年前までは池田氏は関心の外にあったが、学ぶことが多かった。特定の人物をどのように評価するかよりも、その人が掲げ提起している思想や理想から何を学び、継承するのかのほうが大切だと、私は考える。池田氏が戦争を憎み、平和を希求し、人間の尊厳や民衆の主体性を重んじていることは確かだと感得できる。池田氏は今年九一歳、私は七六歳になる。一五年の違いはあるが、同じ時代を生きてきたとも言える。直接の接点がなかったことはきわめて残念である。長いあいだ、私が社会主義と宗教を乖離したものと誤解していたからである。そうではなく、〈宗教と社会主義との共振〉こそが求められているのである（別稿、参照）。

私は簡略に辿ったにすぎないが、池田氏の歩みを知ると、彼に深く心酔する人が多く生まれるだろうと想像できる。だが、同時になお池田氏自身が語ってはいない闇の部分が存在するのではないだろうかとも推察できる。第2節で一言だけ言及した「創共協定」の「死文化」をめぐる問題である。池田氏は、『二十一世紀への対話』で、「指導者は、民衆に迎合するために自己を欺いてもなりませんし、自己の信念を通すために民衆を欺いてもなりません。どこまでも、真実と誠実とを根本としていかなければならないわけです。もし、自己に対しても民衆に対しても欺瞞があったならば、彼はその瞬間から指導者としての資格を失う」と語っていた（中巻、一二五頁）。忘れてはならない忠言である。

そして私は何よりも池田氏が一九六〇年代前半に主張していた〈人間性社会主義〉の旗を忘失・没却したことを残念だと考える。七五年七月には宮本顕治との対談で「宗教とマルキシズムの共存は、人類の未来のために不可欠の文明的課題であるといいたい」とまで述べていたのである（『池田大作・宮本顕治　人生対談』四〇頁）。〈人間性社会主義〉の提起を理解することなく、社会主義像の深化へと活かせなかった左翼の無能力が痛切に悔やまれる。再びこの旗を取り戻し、さらに社会主義像を深化・豊富化してゆくことこそが強く望まれる。そうしてこそ、池田氏の業績は歴史上の大いなるプラスとして輝き、その意義を発展させることが出来ると、私は確信する。

〈付　記〉

池田氏には膨大な著作がある。『人間革命』は全一二巻、『新・人間革命』は全三〇巻（三一冊）、『池田大作全集』（聖教新聞社出版局）は全一五〇巻（一九八八年〜二〇一五年）にも及ぶ（『マルクス・エンゲルス全集』は全五三巻、『レーニン全集』は全四七巻）。『法華経の智慧』（聖教新聞社）全六巻もある。私は、全集は未読である。

創価学会と公明党への内在的批判

はじめに

今年（二〇一九年）七月二一日投開票の参議院選挙の結果については、「まえがき」の冒頭でふれたが、公明党と創価学会が退潮傾向が露わになりつつあるなかでどうなるのか、注視しなくてはならない。

昨年九月三〇日午後九時頃、沖縄県知事選挙の開票が進むなかでNHKテレビは玉城デニー氏の当選確実と報道した。その時、勝利を喜ぶ会場で青・黄・赤の三色の旗が打ち振られていた。

私は、この事態のなかに公明党が現在かかえている難事が象徴的に示されていると考える。三色の旗に、何の旗だろうといぶかる人も少なくないだろう。一年前なら、私もその一人であった。「三色旗」に感涙する人もいただろう。逆に苦い思いを浮かべた人もいたに違いない。

「三色旗」を打ち振るったこの人は恐らく池田大作氏を師匠として慕い心を震わせていたであろ

う（池田氏は一九六〇年に「本土復帰」前の沖縄を訪問して沖縄への特別な思いを表明していた）。「三色旗」は一九八八年に定められた創価学会の公式のシンボルである。公明党は今度の選挙では四年前の「自主投票」ではなく、改憲右翼団体の「日本会議」のメンバーだった、自民党の佐喜真淳・前宜野湾市長を推薦し、創価学会は異例にも原田稔会長が沖縄に飛び、期日前投票のために本土から数千人も大量動員した。にもかかわらず、「敵陣営」の祝勝会場で「三色旗」が翻っていたのである。世論調査では創価学会支持勢力の約三割が玉城氏に投票した。選挙の結果は、玉城氏が約三九万六六〇〇票を得て、何と八万余の大差で勝利した。公明党の基礎票は約一〇万票。

いつ実施されるかは不明であるが、壊憲のために絶対的に必要な国民投票において、創価学会の会員がどう動くかが決定的な役割を果たすはずである。そのはるか手前で、沖縄の創価学会員は、公明党幹部にブレーキを掛けたといえる。

沖縄の動向ではもう一つ重要なことが起きている。二月二四日に辺野古基地の建設をめぐる埋め立ての是非を問う県民投票が予定されていたが、沖縄、うるま、宜野湾、宮古島、石垣の五つの市長が県民投票に難癖を付けてその実施を拒んでいた。五つの市の有権者は県内の三分の一を占めるので、そこで実施されないと、県民投票の有効性が問われることになる。五人の市長は、投票の選択肢が、賛成か反対かの二択であることが民意の反映にとって不適切だと主張していた。この状況のなかで、何とか打開策はないかと知恵を絞り、努力した人がいた。県会議員の金城勉氏である。彼は県会議長に働きかけ、「どちらでもない」を加えた三択案を提示し、ついに県議会を動かし、一月二九日この三択案の県条例改正を議会で可決することに成功し、その結果、五つの市も県民投票を実施することになった。この金城氏は公明党県本部代表である。彼の努力は貴重なものとして高く評価しなくてはならない。四月に予定されている参議院の補欠選挙での「自公協力」への思惑が作用したにせよ、金城氏の行動は、県民投票つぶしを狙う自民党の意向とは異なる。この事実は、「朝日新聞」で「県民投票　急展開の妥結」として大きく報道された（一月二六日）。

公明党非難に熱中すると、このような貴重な努力を見逃すことになる。

県民投票の結果は、米軍新基地建設に必要な埋め立てに「反対」が四〇万票を上回り、投票総数の七割を超えた。昨年九月の県知事選で、玉城知事が獲得した約三九万六〇〇〇票をも上回り、新基地建設反対の民意がより明確に示された。投票資格者総数は約一一五万人で、最終投票率は五二・五％。安倍晋三政権は、この明確な県民の意志表示をまったく無視して埋め立て工事を強行している。そして、今年四月二一日投開票の衆議院沖縄3区の補欠選挙でも「オール沖縄」の新人・無所属のフリージャーナリスト屋良朝博氏が、自民党公認で元沖縄北方担当相島尻安伊子氏（公明党、維新の会推薦）に大差をつけて勝利した。屋良氏：約七万七〇〇〇票、島尻氏：約五万九〇〇〇票。この選挙は知事に転出した玉城氏の衆院議員失職に伴うもの。

私が本稿において明らかにしたいことは、創価学会や公明党の真実の姿がどうなっているのかである。単に罵声を浴びせるのでなく、表裏・正邪の両面を明らかにすることを通して、創価学会の信者に強く貫かれていると思われる〈平和志向〉がどのように実現しているのか、あるいはその願いが拡充するために何が必要なのかを探りたい。

第1節　公明党の現状――政治に占める位置

公明党のホームページを開くと、「公明党が目指す社会／政策」として、「公明党は、〈生命・生活・生存〉を最大に尊重する人間主義を貫き、人間・人類の幸福追求を目的とする、開かれた国民政党です」と大きく書いてある。どの政党も自分の党の最重要文書としている「綱領」では、次の七項目が柱となっている。

一、〈生命・生活・生存〉の人間主義
二、生活者重視の文化・福祉国家
三、人間と自然の調和
四、人類益をめざす地球民族主義へ
五、世界に貢献する日本
六、草の根民主主義の開花と地方主権の確立
七、民衆への献身とオピニオン・リーダー

この綱領は、一九九四年に決定され、九八年に「一部改正」と記されている（元号で表示）。

国会議員は衆議院（定数四六五）に二九人（女性：四人）、参議院（定数二四二）に二五人（女性：五人）で、自民党とともに二〇一二年末から安倍晋三政権の一翼を担っている。地方自治体では二九三九人（女性：九一九人）の議員を擁している（二〇一八年一〇月三一日現在）。党創成以前から重点としてきた東京都議会（定数一二七）では、都民ファーストの会（五三人）に次ぐ第二党（二三人、自民党と同数）

である（共産党は一八人）。四七都道府県に事務所を構え、日刊紙「公明新聞」を発行している。党員の数や「公明新聞」の読者数は記されていないが、党員四〇万人、「公明新聞」八〇万人と言われている（自民党の党員は一〇七万人弱、共産党は三〇万人弱、「赤旗」読者は約一〇〇万人）。

二〇一七年の政治資金収支報告では、収入は一二〇億五二六八万円（うち政党助成金は三一億四五三万円。自民党は二五八億五七五九万円：一七六億二九六万円、共産党は二一二億六五五五万円：〇円）。

国政選挙での得票では、ピークは二〇〇五年九月の衆議院選挙（比例区）で八九八万七七六二〇票：得票率一三・二％、直近の一七年一〇月の衆議院選挙ではピーク時の七八％、六九七万七七一二票：得票率一二・五％である。一九年七月の参議院選挙では六五三万六三三六票：得票率一三・一％で前回よりも約一〇四万票（約一四％）減らしている。

この数値を見ただけでも、低落傾向は別としても公明党が日本の政治において無視できない位置を占めていることが分かる。日本には半世紀にわたって持続している政党は三つしかない。一九二二年に創成された日本共産党と、五五年に保守合同によってスタートした自民党、そして六四年に公明党が創始された。

だが、得票率では八分の一程度であり、高いとは言えない。各種の世論調査での政党支持率では四％程度である。さらに興味深いことがある。薬師寺克行氏が『公明党』の「まえがき」で指摘しているように、「朝日新聞」が二〇〇七年六月に行った世論調査で「支持したくない政党」という項目を設定したら、「公明党は四一％だった」。これは「支持者の一〇倍にあたる」（ⅱ頁。トップは共産党の四七％)。

　このように拒否反応が高い。拒否反応の基礎には、宗教への反発がある。公明党は、宗教団体である創価学会と一体と見られているからである。「見られている」というよりは、「公明党創立者池田大作」(この肩書は、『公明党50年の歩み』巻頭の池田氏の写真説明に付されたもの)自身がそのスタートにおいて「創価学会と公明党も一体不二」と強調していた。そのせいで宗教政党嫌いが助長されてきた。「政教分離」についての誤解(「本来なら『国・教分離』と表現するのが妥当だ」と『公明党50年の歩み』に書いてある。二一四頁。本書五一頁のコラム参照)を下地にして、「宗教はアヘンだ」とするマルクス主義や共産党もこの傾向を煽ってきた。だが、ヨーロッパ諸国の例でも明らかなように、宗教政党の存在が許されないわけではない。

　創価学会と公明党に対する批判や非難は相当なもので、数多くの著作が刊行されている。一九六九年末の藤原弘達の『創価学会を斬る』の出版妨害事件に始まって、七〇年に行われ一〇年後の八〇年に実行者の山崎正友弁護士が自ら暴いた宮本顕治委員長宅盗聴事件、選挙での不正投票働きかけ、東村山市での市議会議員の不明死、経済的不正など数多くの犯罪(類似行為)が暴かれ非難されてきた。執筆者は、創価学会の元幹部、創価学会から不利益を受けた人、創価学会の外からのジャーナリスト、共産党員、とさまざまである。それらについては、被害者が声を上げるのは当然であり、創価学会はそれらの批判や糾弾については真摯に反省しなくてはならない。一九八九年に発覚した、矢野絢也委員長による明電工株取引事件については、「公明党史上、最大の汚点となった」と反省した（『50年の歩み』一四八頁、五一頁も）。

だが、同時にこれらの犯罪（類似行為）だけを特別に重視して、あたかも公明党が犯罪者集団であるかに非難することは誤っている。それほどの犯罪者集団が公党としてこれほどの位置を築くことは出来ない。「犯罪者同盟」を名乗る政党は存在しない。しかも暴かれた「犯罪」と同類の行為を現在も引き続き行っているわけではない。一九八五年に刊行された、宮本宅盗聴事件で被害を受けた共産党の「赤旗」取材班著『黒い鶴への裁き』でさえ、その「はじめに」で、「矛盾や限界を持ちつつも、同会（創価学会）が果たしてきた一定の（プラスの）役割や存在そのものを、すべて否定するのは短絡的すぎます」と注意していた（四頁）。断罪するだけの姿勢は、隠された「真実」を暴く役割を果たすこともあり無意味とはいえないが、きわめて不十分であり、適切ではない。

一九九〇年代になると、公明党は自民党などとの連携・協力を深めてゆくので、このいわば〈右転落〉への批判が反創価学会言論の主な内容となる。「変貌」というレッテルで非難する人もいる。昨年九月に柿田睦夫著『創価学会の変貌』が刊行され、「赤旗」で大宣伝され、共産党系書店で良く売れている。「変貌」は容貌が大きく変化したことを意味するが、否定的ニュアンスが濃い。「共産党が変貌した」とは使わない。だが、柿田氏の著作では否定面だけが強調されているに過ぎず、「変貌」の前がどうなのかは分からない。「赤旗」取材班の前言を思い出す必要がある。柿田氏は、高橋篤史氏の『創価学会秘史』に依拠して、創価学会は戦前には特高警察に協力していたことを強調している。確かにそれも事実には違いないが、どうしてその「反動的な宗教」が、平和を強調するようになったのか、その意味はどこにあったのかを明らかにしなくてはならない（第3節で後述）。〝化けの皮が剥がれた〟というようなものではないのである。

他方、この種の非難本とは逆に影の部分には触れずに肯定的側面だけを追いかける著作もある。近刊の田原総一朗著『創価学会』がその典型である。この著作は、「聖教新聞」で大きな広告が掲載されている。前に引用した薬師寺氏の『公明党』は宮本盗聴事件には触れないが、「言論出版妨害事件」も詳しく取り上げているからその中間かもしれない。

第2節　創価学会の巨大さ

公明党の創成期について知る前に、支持母体である創価学会について基礎的な認識を確認しておきたい。

創価学会は、戦前一九三〇年に、小学校の校長を務めたこともある牧口常三郎によって創成された。その歴史については別論したいが、牧口は、一九四三年七月、伊勢神宮の神札を祭ることを拒否したために、治安維持法違反と不敬罪で逮捕・投獄され、翌年一一月に東京拘置所で獄死した。第二代会長となる戸田城聖も同時に逮捕・入獄、四五年七月に釈放された。戦前には会員は約三〇〇〇人。現在、創価学会の公式サイトでは「八二七万世帯」を擁していると記載されている。どう考えてもこの数字は水増しである。野田峯雄は、二〇〇〇年に『増補新版・池田大作　金脈の研究』で次のように書いている。

「創価学会の会員数は、公称一六五〇万人（海外会員数一二六万二〇〇〇人）。八一二万世帯を組織化していると豪語する。とすれば、彼らはわが国の全人口の一割をはるかに上回り、世帯数の場合、わが国全体が四〇六七万だから五世帯に一世帯が『学会員』ということになってしまう……。〝本当の数字〟は……会員数は多くて五〇〇万人前後、『約一五〇万世帯』。熱心な活動家数は百数十万」。

同書の別章では、原島嵩・元創価学会教学部長からとして「二五〇万世帯ぐらい」（一一七頁）と書いている。なお、玉野和志氏は「二〇〇〇年〔に〕創価学会の信徒数は約一七五〇万人であったと推定される」としている（『創価学会の研究』一五五頁）。島田裕巳氏も、「二〇〇一年末」に「一七四八万人」としている（『創価学会』一五頁）。二〇〇五年衆議院選挙での得票が八九九万票だから、信徒には未成年者も含まれるであろうが、信徒の半分しか投票しないことになり、両人の数字は甘すぎる。

島田氏は最新の論文で、大阪商業大にあるＪＧＳＳ研究センターの世論調査を基礎にして、「自分は創価学会の会員である」と回答している人間は、毎年およそ二・二％だから、現在の創価学会の会員数は約二八〇万人だと推測している（iRONNA「島田裕巳」2018/09/29）。

これらの数字の真否については確かめようはないが、野田が続けて書いているように「それにしてもズバ抜けて巨大な組織のひとつであることは間違いない」（七頁）。宗教団体としては最大ではないだろうか。

浅野秀満によれば、「創価学会では月一回、全国の幹部が集まって本部幹部会を開」くが、そこには「一万五千人前後が集まる」という（『私の見た創価学会』二二頁）。この著作は一九七四年刊行で、現在はどうなのか分からないが、大変な規模である。

創価学会の日刊の機関紙「聖教新聞」は公称五五〇万部とされている。一人で二部三部購読している場合もあるというが、「朝日新聞」が六〇〇万部、「毎日新聞」が三〇〇万部だから相当な数である。宗教団体と政党ではその性格も異なるが、日本共産党の党員のピークは一九八七年の四九万人、「赤旗」は八〇年に三五五万部が最高である。現在は、党員約三〇万人、「赤旗」約一〇〇万部に後退している。

組織が大きくなれば、その運営のための独立した事務所が必要となり、建物が設置される。都心の信濃町に創価学会の本部がある。七階建ての高層ビルである。野田によると、「信濃町は、中央部を南北に走る外苑東通りによって二分されているが、創価学会の施設の多くはこの東側に集中している。その東側約一一・四ヘクタール〔後楽園球場の約一〇倍〕の学会占有率を出すと、なんと約五割にも達した」という（一三頁）。学会が近隣の土地を買収して広げたからである。その土地の総額は「二一〇〇億円」にもなる。その地上には、「主要な施設〔建物〕だけでも約二五ある」（一四頁）。信濃町は創価学会の街となっており、学会のシンボルカラー＝青・黄・赤の三色がそここここで散見できる。

さらに東京・八王子も創価学会の「聖都」とされている。初代会長牧口常三郎の記念館が建てられている。「壮大、かつ超豪華」だという。「同会館の総事業費は約三〇〇億円だと推定されている」。近くには創価大学（学生は約七六〇〇人）と創価短期大学の広大なキャンパスが広がっている。それらの諸施設は、「低く見積もっても総額八〇〇億円に達する資産」だと、野田は書いている。

ウィキペディアで調べると、創価学会が「所有する施設」として、広宣流布大誓堂、創価学会総本部、広宣流布大誓堂、創価文化センター、本部別館、本部第2別館、創価世界女性会館、戸田記念国際会館、創価女子会館、信濃平和会館、世界青年会館、信濃文化会館、聖教新聞社、が列記され、「日本国内の方面中心会館」として、北海道から沖縄まで一一の施設が書かれている。この他にも全国各地にさまざまな施設が建てられている。池田氏は「国内、国外に千以上の会館や施設をもち」と『中央公論』誌上で述べている（野田、一一七頁）。ウィキペディアでは一二〇〇カ所。

他にも、一九六八年に創立された創価高校が東京小平市にある。

これだけを知っただけでも圧倒されてしまうが、それらを運営するためには相当数のスタッフが必要である。「創価学会の専従職員は三〇〇〇人近い」（『創価学会解剖』五八頁）。「本部と聖教新聞社を合わせて……七〇年代には三〇〇〇人規模に膨らんだ」（同、五九頁）。その運営資金はどのくらいなのか。正確な数字はどこにも書いてない。「創価学会には会費の制度が存在しない。……財務部員に任命された会員は年に四〇〇〇円〔一万円の誤り〕の寄付をする」（島田裕巳『創価学会』一六二頁）。運営資金は年に二〇〇〇億円とされている（野田峯雄『池田大作金脈の研究』八八頁、一一七頁)。共産党の年収入が約二〇〇億円だから桁違いの資金である。一九六五年に大石寺に正本堂を建立した時に「わずか四日間で三五五億円を集め」た(『創価学会解剖』二一〇頁)。

資金にまつわることでは、一九八九年に神奈川県横浜市のゴミ処理施設に廃棄された金庫から一億七〇〇〇万円もの現金が発見されたことがあった。後日、創価学会の幹部が捨てたものだと判明した。一億七〇〇〇万円をゴミと間違えて捨てるというのだから、その金銭感覚に驚くしかない。後でも取り上げる山崎正友によれば、一九七二年「から起算しても三億円をこえる機密費」が八〇年までに使われたという(『盗聴教団』一四九頁)。

なお、創価学会は宗教法人法に基づく宗教法人なので、税法上さまざまに優遇され、例えば、土地や物件の売買は非課税となっている。

いうまでもないが、宗教団体である創価学会は、国家や地方自治体とは別の民間の組織である。従って、税金や法律によってその運営が保障されることはない(法律によって保護されることはある)。すべては自分たちの努力によって律するほかない。

その努力の重要な分野をなしたのが、政治的領域や民間ではない官職への浸透・進出である。政界進出については別に明らかにするが、官庁への進出も早くから取り組んでいた。山崎によれば、「創価学会が司法・行政・外交などの分野への浸透を意識的に始めたのは、一九六〇年代のなかばです」(野田峯雄『池田大作金脈の研究』一〇九頁)。その結果、学会の会員が「警察に数千人、警視庁に約三〇〇〇人だと推定されている」(同、一二一頁)。学会の会員がからむ事件の捜査に影響が生じる可能性もある。検事ならば、立件するか否かにも関与できる。外務省の職員になって、在外大使館に配属される場合もある（彼らは、池田氏がその国を訪問する際に便宜を図る）。司法でいえば、その典型は、検事あがりで細川護熙政府の郵政大臣となった神崎武法氏である。もちろん、役職を利用することは、創価学会の会員だけではなく、他の宗教団体や政党の党員の場合にも同じように可能である。従って、憲法第一五条で「公務員は全体の奉仕者である」と明記して、ブレーキを掛けている。

民間の団体が、構成員五〇〇万人の巨大な組織・資金・人員を束ね、運営・管理することは並大抵のことではない。恐らく前例はない。しかもスポーツや趣味の団体ではなく、思想・信条・政治と密接に接点を有するがゆえに、時の政権の傾向・動向とも絡みあう可能性も高く、その圧力にさらされる。分かりやすく言えば、「弾圧」の標的にされることもある。マスコミのネタにもなる。よくぞ、風雪に耐えて、組織を保持・運営してきたと驚嘆するほかない。

第3節　創成期の公明党は「左」に位置

次に公明党の創成期について明らかにしよう。公明党は、一九六四年一一月一七日に創成された。その三年前に「公明政治連盟」が活動を開始していた。六〇年五月に三二歳の若さで創価学会第三代会長となっていた池田氏は、二カ月後には「本土復帰」以前の沖縄を訪問し、六四年五月に公明政治連盟を公明党に発展させることを提案した。結党大会は、日本で最大級の会場とされる日本大学講堂で一万五〇〇〇人を結集して開かれ、四項目の簡単な「綱領」を決定した。初代委員長は原島宏治（池田氏は党員にもならない）。

この綱領では、「王仏冥合」「人間性社会主義」「仏法民主主義」「議会制民主政治」が謳われた。活動方針では日米安保条約については、「当然解消されなければならない」とし、自衛隊を「国連警察軍」にするとも提案した（『50年の歩み』三七頁）。

公明党を創設した直後一九六四年一二月に「聖教新聞」で連載を開始した、戸田城聖の歩みを綴った、池田氏の主著となる『人間革命』は沖縄の地で執筆を開始し、その冒頭は次のように書かれていた。

「戦争ほど、残酷なものはない。戦争ほど、悲惨なものはない。

だが、その戦争はまだ、つづいていた。

愚かな指導者たちに、率いられた国民もまた、まことに哀れである」。

ここには戦争への怒りが伝わってくる。また、七四年から約一〇年かけて、第三文明社から八〇巻にも及ぶ「反戦出版シリーズ」が刊行された（『創価学会解剖』八五頁）。

少しさかのぼるが、第二代会長の戸田城聖は死の前年一九五七年九月に発した「原水爆宣言」で原爆を「サタンであり、怪物であります」と断じた。その直前で「世界の民衆は、生存の権利をもっております」と宣明した。このことは、池田氏が公明党創設を機に「人間性社会主義」を明確に主張した『政治と宗教』で明らかにしていた（二五六頁）。戸田がこの時に同年五月に施行された憲法第二五条を参照したわけではないが、この時点で「生存の権利」と打ち出していたことは記憶に値いする（日本共産党の綱領には今でも「生存権」と記されていない）。

一九六〇年代後半にはベトナム戦争が大問題であった。共産党も新左翼もベトナム戦争反対の運動を展開した。六六年に池田氏は、高校生を相手に講演した。池田氏は、「『ベトナム解放軍万歳』と叫んで死んでいった」「ベトナムの二〇歳の一青年」が銃殺される、雑誌の写真を見て、「偉いなあと思い」、朝鮮で一九一九年の三・一独立闘争で、拷問され殺された女学生・柳寛順の名をあげて「りっぱであると感じました」と語った（創価学会高等部編『21世紀のパイオニア』、一二〇、一二一頁）。アメリカの本格的介入の第一歩となった「北爆」（一九六五年二月以降に北ベトナムに対して行なった連続的な爆撃）に対して、池田氏は明確に反対を表明した。六七年に開かれた第一〇回学生部総会での池田会長講演では、「北爆の停止」、「関係国による世界平和維持会議を東京で開く」こと、「非武装地帯に国連監視軍を常駐させる」ことを提起した。この講演では、合わせて「沖縄の日本復帰」「核基地撤去」を要求した（『池田大作全集』3、創価学会、一九六八年、五六三頁〜）。

一九六八年の第六回大会では「日米安保体制の段階的解消の方途」を発表し、同年末に「在日米軍基地の実態調査」を実施した（『50年の歩み』五五頁、五八頁）。沖縄返還協定が決定された七一年には、国会で「非核三原則」の決議を主導した（同、六五頁）。さらに七三年の第一一回党大会では「中道革新連合政権構想の提言」を打ち出し、「日米安保条約の即時廃棄」を主張した。

『公明党ハンドブック』七九年版の年表によれば、七二年にメーデーに初参加し、七八年まで毎年参加した（七三年は記載なし）。原水禁世界大会には七三年に初参加し、この年の「10・21国際反戦デー」にも参加した。

七〇年の第八回大会で、綱領を部分的に改定して、「王仏冥合」と「仏法民主主義」は削除したが、「人間性社会主義」は踏襲した。九八年に改訂された綱領では、「地球民族主義」だけが引き継がれている。「人間性社会主義」については、別稿「『人間性社会主義』の先駆性とその忘却」で詳しく明らかにしたので、本稿では省略する。

七〇年の改訂綱領では第四項目に「日本国憲法をまもり」と追記した。自から誇らしく明らかにしているように、「『護憲』を綱領に謳うのは、当時の日本の政党では公明党が唯一である」（『50年の歩み』九六頁）。

一九七三年一二月には、創価学会の第三六回本部総会が次年度の活動方針として「『仏教運動で平和創造の社会を！』を正面にかかげて開催された」（『革命の大河』四〇八頁。ついでながら、私は一九八二年に「平和の創造」を提起したが、創価学会の提起の九年後であった）。池田氏が「創共協定」に動き出すのが翌年である。

このように、公明党は「平和の党」として活動を広げたのである。その基盤は、高度経済成長期（一九五五年～七三年）に地方から都市に移住してきた低所得者層であった。「貧乏人と病人の集まりと言われた」と谷川佳樹青年部長が語っている（アエラ編集部『創価学会解剖』一一五頁）。

さらに公明党は、高度経済成長期に大問題となっていた公害問題にも先駆的に取り組んだ。『50年の歩み』では、作家の有吉佐和子がベストセラーとなった『複合汚染』下（一九七五年）で「公害問題に最も大きい関心を寄せ、熱心に勉強し、実績をあげている政党は、どの革新政党よりも公明党だと、住民運動をしている人たちは口を揃えて言う」と書いたことを紹介している（七一頁）。『50年の歩み』第5章は「政党で初の『福祉トータルプラン』発表」と立てられ、「『福祉の党』は公明党の金看板」と書き始めて、その実績を誇っている。

国政では一九六七年に衆・参両議院で四五議席となり、第三党の位置を確保した。

このように、公明党は結党いらい一九七〇年代には明確に「革新」あるいは「左」に位置していた。このことを、市川雄一書記長は一九九〇年一一月の第二九回党大会で、「『今まではやや固定的に左であった路線を、本来の中道にきちっと戻すことだ』との考え方を強調」した、と『50年の歩み』で裏側から明らかにしている（一五五頁）。

次節に進む前に、なぜ公明党が七〇年代末までは「革新」であった事実に拘るのかについて確認しておきたい。その理由は、反戦派の活動家だった私だけではなく、左翼世界全体で、この重要な事実が認識されることなく、無視・軽視されてきたからである。例えば「人間性社会主義」について、新左翼も共産党もまったく無視してきた。そういう態度では、この時期に創価学会を信頼して生きてきた人たちを理解することは難しいし、従って今後、協力する活路を見いだすことが出来なくなる。他人の歩みについても可能な限り客観的に認識することが、相互理解の通路なのである。

第4節 「中道」の前面化による〈右転落〉

公明党は、一九八一年末の第一九回大会で「日米安保条約是認」「自衛隊合憲」に転換した。この二年八カ月前、七九年四月二四日に池田氏は会長を辞任していた（この重大事については別稿参照）。この二つの出来事は深く関連していたに違いない。だが、そのことに着目して触れる論評は存在しない。

そして九三年七月の衆議院選挙で自民党が過半数割れとなった時に、非自民党の細川護熙政権発足に協力し入閣した。翌年に自民党・社会党・新党さきがけ連立の村山富市政権発足時に野党となったが、九九年一〇月に自民党・自由党・公明党連立政権発足で入閣し、二〇〇九年九月に民主党の鳩山由紀夫政権が発足すると野党となり、一二年末に第二次安倍晋三政権発足とともに入閣し、今日にいたっている。自民党の補完勢力となったこの動向は〈右転落〉と評することが適切である。

公明党の元副代表の二見伸明氏が指摘しているように、「基本理念に反する時は、ちゃぶ台をひっくり返して連立政権から引き揚げる、そういう度胸」が必要なのであるが、公明党にはその覚悟はなかった（季刊『フラタニティ』第一二号、四頁。本書、一三九頁）。

この節では年表風に記すだけにとどめるが、何よりも留意しなくてはいけないことがある。なぜ、公明党は「中道」を前面に押し出して自民党と連立する路線に転換したのであろうか。一言でいえば、〈日本の現実の政治に責任を負う〉、このことを公明党は自らの課題にしたのである。単に「××反対」とか「○○政権打倒」と叫ぶのではなく、いかなる政権を打ち立てなくてはならないのかを、政権政党（与党）になる以前（野党）に提起する必要を他の野党に先駆けて気づき、明示してきた。前記の第一一回大会で採択した「中道革新連合政権構想の提言」がそれである（二カ月遅れて、共産党は「民主連合政府綱領提案」を決定した）。

公明党の歩み（1981 年から）

1981	12	第 19 回大会で路線転換
1991	1	湾岸戦争勃発
1992	6	ＰＫＯ協力法に賛成
1993	8	細川護熙政権　公明党入閣
1994	3	小選挙区比例代表並立制法
	6	自民党、社会党、新党さきがけの村山富市政権　公明党は野党に
1999	10	自民党・自由党・公明党連立政権
2003	3	イラク戦争勃発
	7	イラク特措法に賛成
2004	6	有事法制関連７法に賛成
2007	6	改正イラク特措法に賛成
2008	1	新テロ特措法に賛成
2009	9	鳩山由紀夫政権　公明党は野党に
2001	3	東日本原発大震災
2012	12	第二次安倍晋三政権　公明党入閣
2013	12	特定秘密保護法に賛成
2014	6	安倍政権、憲法の解釈を変更し、集団的自衛権の行使を限定容認
2015	9	安全保障関連法に賛成
2019	7	参議院選挙で 14 議席（前回プラス３）

この積極的な姿勢については、賛同しなくてはならない。左翼政党・党派は、現状への反発と遠い未来の理想（と思われるもの）だけを強調しがちである。その証拠に、共産党の「民主連合政府綱領提案」では、「日米軍事同盟の解消」が主要な柱となっていた。こ

の主張を自民党が過半数割れして連立政権が不可避となった九〇年代に新政権の政策として貫こうとすれば、連立の相手は居ない。そうなると自らの主張が多数派になるまでは、政権の外に立つほかない。すると、〈日本の現実の政治に責任を負う〉姿勢は不要となるか、薄れることになる。社会党も同様だった。公明党は、八〇年の「社公合意」〈社会党と公明党の政権合意〉について、八一年末に「同党〈社会党〉は旧来の〝政権回避〟の姿勢に戻っていった」と冷たく突き放している（『50年の歩み』一四六頁）。

公明党は、逆に〈日本の現実の政治に責任を負う〉ことに重点を移動した。その象徴的現れが「安全保障政策」、別言すれば日米安保条約に対する姿勢・評価である。七三年には「安保即時廃棄」まで主張したにもかかわらず、八一年末の第一九回大会では「日米安保条約是認」「自衛隊合憲」に転換した。問題は、この転換が正しかったのか、にある。「〝政権回避〟」に陥らずに済む選択肢は他にはなかったのか。

この問いに答える前に、「中道」とは何かについて明確にしておくべきことがある。池田氏は、「中道という言葉の持つ原義的な意味」について、「生命に関する部分観を止揚して、全体観に立とうとするもので、いわば生命論的弁証法とでもいえましょう」として、「仏法は、事物の統一的、総合的な把握を重要視しています。中道とはその意味で、折衷ではなく止揚なのです」と語っている。これは、宮本顕治との『人生対談』で宮本が、「聖教新聞」で池田氏が書いた文章にふれて、「中道というのは、単なる中間とか、折衷、日和見というものではない。原点に立つことだ」と水を向けたことに答えたものである（三三三頁〜三三五頁）。「原点としての中道」と小見出しが立てられていて、熟読玩味する必要がある。この重要な問題についても、池田氏と公明党幹部とは大きな決定的な理解の相違を現わしていた（「釈迦の初期の説教」を引いて話す宮本についても高く評価しなくてはならない）。この急所を確認したうえで、問いに戻ろう。

私は、この安保政策の転換は決定的な誤りだと考える。もう一つの選択肢が存在したはずである。それは〈閣外協力〉である。この選択肢を用意していれば、自説を主張しながら、よりマシな政権の成立に協力できる。九三年に細川政権に入閣するのではなく、〈閣外協力〉すればよかったのである。そうすれば、七三年の「安保即時廃棄」の立場を貫徹し、同時に現実に責任を負う姿勢を貫くことが出来たのである。だが、ヨーロッパ諸国とは異なり、日本では閣外協力は例外であった。

空論的に無責任に「資本主義打倒」を叫ぶのか、その志向性を投げ捨てて「現実的」になるのか、この二者択一に落ちこんだところに〈罠〉が潜んでいた。

〈理想と現実〉という難問は、公明党も意識していた。一九七九年の「第一六回大会活動方針」では、『中道革新路線』を、リアリズム（つまり現実主義）とイデアリズム（つまり理想主義）を統一的に把握する次元で再構築していく必要がある」と書かれ（『公明党ハンドブック』一九七九年版、九一頁）、佐藤昇は、党外から八一年の転換について「高い理念の追求と政治的リアリズムの徹底という、一見、相反する二つの要請を両立させようとする真摯な努力の成果」と評した（『50年の歩み』一四一頁）。この評価は失当であるが、「理念とリアリズム」が意識されていた。この難問を解くカギこそが〈閣外協力〉である。ここでもマルクスの同時代人の哲学者フィヒテの言うように「中間に真理あり」だったのである。

もう一つ重要な問題がある。入閣に伴う大きな現実的メリットの存在である。閣議に出席することは国家の最高機密にも関わることを可能にする。法務大臣にならなくても国家公安委員会や警視庁の機密情報や動向を知ることが出来る。その内実は推測すら出来ないが、ほかでは得られないメリットであろう。公明党はその「うま味」を知り、虜になったのであろう。さらに、税金逃れという重大な「利得」が存在する。公明党幹部は、国税庁に働きかけて創価学会に対する税務調査にブレーキを掛けていた。この点は、反創価学会に転落した、公明党元委員長矢野絢也が暴いていた（『乱脈経理』講談社、二〇一一年）。

政策的内実の変化と合わせて、組織活動の面でも大きな変化が生じていた。創価学会は、戸田会長が活動の重点とした「座談会」を軸にして成長してきた。少人数での話し合いを重んじ、身近な悩み・相談事を出し合い、親密な関係を創り出してきた。ところが、近年はその質が薄れてきたと多くの会員が口にしている。また、一〇年くらい前までは各地に建てられた会館では池田氏の著作など関連図書が販売されるコーナーがあり、集会参加の折に書籍を購入することが一つの楽しみとなっていたというが、近年は本の販売コーナーがなくなってしまった。どういう理由と経過でそうなったのかは不明であるが、いくつかの重要な書籍――池田著『政治と宗教』や『随筆　桜の城』――の絶版措置と合わせて、会員が「人間性社会主義」や「4・24事態」を強調した文献に近づくことを困難にしている。

第5節　日本市民の政治意識の特徴

ここで日本人の政治意識の特徴について知っておくほうが良い。日本では「市民としての自覚・自意識」がきわめて薄弱である。〈市民〉という言葉には〈市民的権理〉の意識がそれなりに包含されている。一九六〇年の安保闘争の時代に、「市民運動」という言葉が流行り出した際に、「市民運動家」と言われた人が「私は市民ではなく、都民です」と答えたというエピソードが残されているように、「市民」という自意識はきわめて遅れて芽生えたにすぎない。

宗教研究者・中村元が『日本人の思惟方法』（春秋社、二〇一二年）で、日本人は「与えられた現実の容認」「人間結合組織を重視する傾向」「非合理主義的傾向」が根強いと抉り出していた。これらの傾向は、排他的仲間意識を醸成する（新左翼の場合には内ゲバとなる）。創価学会が嫌われるのはそのゆえである。

さらに日本人の「曖昧好み」を上げることができる。前記の二見氏が本稿「はじめに」で明らかにした「SGI提言」に関して次のように指摘している。国連で進められている「核兵器禁止条約」について、昨年も今年も池田氏は日本も批准するようにと主張している。二見氏が指摘するように「これは、署名もせず批准を拒否している安倍政権とそれに追随する公明党のスタンスとは真逆です。学会員はどういう反応を示すかというと、『学会は筋を通している。しかし、政治の世界は妥協が必要だから仕方ない』ということになります」（『フラタニティ』第一二号、五頁、本書、一四〇頁）。二見氏が語るように「それではいけません。公明党に対して学会の基本的立場を貫けと主張しなくてはいけません」。自らの立場や見解を明確に保持したうえで、他者に対して寛容であることは大切であるが、寛容と曖昧とは異なる。

このような「曖昧好み」を基礎にして、創価学会と公明党の指導部は池田氏との〈微妙なバランス〉を保持しているのではないだろうか。

二つ目の留意点は、一九九三年以降、「五五年体制」（自民党の圧倒的強さと三分の一勢力としての社会党による枠組み）が崩壊して、連立政権の時代に移行したことである。この変化の中でそれぞれの政党は新しい対応を迫られた。公明党の場合には前節で見たように安保政策を転換させて入閣する方針を採用した。

三つ目にしっかりと確認しなくてはいけない要点は、日本人の多くは残念ながら資本主義体制を肯定し、日米安保条約を容認していることである。確かに近年は「資本主義の終焉」をテーマにした著作も散見されるが、冷静に判断すれば、それらの主張はなお極小である。そのことに踏まえた上で、現実政治で何が可能なのかを考えなくてはならない。

第二、第三点は、本稿の領域を超えて、日本の現実にどのように対すべきかをテーマにする場合の要点となる。

第6節　なぜ〈右転落〉は容認されたのか

一九六四年に、「他心通」（他人の心を読む力）を備えた稀代の傑物・池田大作氏によって創始された公明党は、創成期（七〇年代末まで）には、明らかに「平和の党」「福祉の党」を旗印にした「左」あるいは「革新」に位置していた。八一年の第一九回大会での転換をホップに、九三年の細川護煕政権への入閣をステップに、九九年の自民党・自由党・公明党連立政権をジャンプとして〈右転落〉を深めつつある。それでもなおその第三歩は着地せずに、安倍晋三首相が執念をいだく「壊憲」にはブレーキを掛けようとしている。支持母体である創価学会の下部に残る「平和志向」の動向を完全に切り捨てることは出来ないからである。そこに現在、公明党が直面している難問・ジレンマが存在する。

そこで、この〈右転落〉がなぜ創価学会の信者のなかで容認されたのかについて解明しなくてはならない。〈右転落〉の出発点とその核心は、第4節で確認したように、八一年末の第一九回大会での「日米安保条約是認」「自衛隊合憲」への転換である。少し回り道になるが、この〈右転落〉の意味を明確にするために、社会党の場合を想起する必要がある。

「五五年体制」の下では、社会党は国会に一八二人の議員を擁する大きな党であったが、一九九六年に解党してしまった。その決定的な原因は、九四年の村山富市政権の誕生に合わせて、社会党が自衛隊違憲から自衛隊合憲に大転換したことにあった。平和を希求し、憲法を擁護することを自らの信条としていた社会党員はこの突然でしかも転換の理由を明確に説明することさえ出来ない社会党指導部についていくことが出来なくなった。この経過については、公明党は『公明党50年の歩み』で「村山首相の支離滅裂な〝自衛隊合憲〟論」と小見出しを立てて、九五年一月の国会での市川雄一書記長と村山首相との問答を紹介している。市川氏が「自衛隊を合憲としたのは、憲法何条のどの条文によるのか」と質問したのに対して、村山首相は「憲法ゼンブン」と答えるだけで、「前文」か「全文」かも答えられなかった。市川は「かつて革新の旗頭であり、護憲を誇りとしていた社会党のあまりにも無様な変わりようにあきれるばかりであった」と述懐している(一九八頁、一九九頁)。

自衛隊をどのように認識・判断するのかは、それだけ重要な問題だったのである。この社会党解体と比べてみると、公明党の場合にはスムーズに「安全保障政策」の転換を実現した。『50年の歩み』では、「約4年近くの党内論議を積み重ね」と説明され、八一年一二月の第一九回党大会での「公明党の安全保障政策」の要点を、「その特徴は、平和憲法の理想や公明党の『反戦・平和』の理念を堅持しながらも、国際情勢の厳しい現実は現実として直視し、わが国の平和的存立と民族の生存をどうすれば守れるか、……一見相反する二つの要請の両立・架橋を試みた大胆かつ画期的な提案であった」と自賛している(一四〇頁。このことについては別な視点からすでに第4節で論及した)。

自衛隊認識の転換をめぐる、社会党と公明党との対比的な事態は、何を示しているのであろうか。

そこには両党の支持者の政治意識や姿勢の相違が存在する。労働組合活動にも重点を置く社会党の場合は、より政治的傾向が強いが、公明党の場合にはその支持母体である創価学会は宗教団体であり、政治路線についての関心が低く、自衛隊をどう認識するかは大問題ではない。

その点で、次の事態が興味深い。この転換の二年八カ月前に、池田氏は前記のように創価学会の会長を退いたが名誉会長とされた「4・24」事態が起きた。以後、しばらく「『聖教新聞』の紙面から、池田の動向が消えた。わずかな消息しか報じられなくなった」。この指摘は、反創価学会文献ではなく、潮出版社刊行の『民衆こそ王者』Ⅰからである（一八四頁）。このことについては、野田峯雄が『さらば池田大作』の年表で「約一年間にわたって聖教新聞に登場せず」と指摘した（四一頁）。正確には外国訪問については掲載された。「例外として〝海外での動向は報じてよい〟となっていた」（『民衆こそ王者』Ⅰ、一八九頁）。だが、やがて各地での講演会などは報道されるようになり、「『獅子』の反転攻勢」（同、一七九頁）が展開され、「池田排除」や内部対立や分裂とはならなかった。だから、創価学会の信者は、自衛隊認識の転換を重大とは受け止めることはなかったのであろう。

さらに創価学会の信者には部外者には理解しにくい心理もある。前に財政に触れて、一九六五年に富士山の大石寺に正本堂を建立した時に「わずか四日間で三五五億円を集め」たと指摘した（『創価学会解剖』二一〇頁）が、その正本堂は、日蓮正宗との抗争のなかで、一九九一年一一月に「創価学会は日蓮正宗から破門され……取り壊されて跡形もな」くなった（山崎正友『創価学会と「水滸会記録」』一二四頁）。四〇〇億円も掛けた正本堂が跡形もなく打ち壊されても、創価学会の信者は動じることがないのである。

また、この〈右転落〉によって政府与党の一員となり、第3節で触れたように、公明党の掲げる福祉政策などが実を結び前進したことも、この転換を支える要因となった。例えば、公明党が提案した「児童手当」の新設によって教育費の負担が軽くなったほうが、自衛隊経費＝軍事費の増加があっても、自分の生活にはプラスだと安易に思うような層にとっては、公明党の活動はプラスに映る。

さらに、池田氏自身の政治姿勢の変化が大きく作用している。「4・24」事態の四年前には、「創共協定」とその「死文化」という大きな問題が起きていた。この大問題については別稿で解明したが、そこで自説を貫くことが出来ずに妥協せざるをえなかった池田氏は、やがて自らの主要な主張であった「人間性社会主義」の旗を降ろしてしまった。八一年の〈右転落〉の第一歩は、「4・24」事態と重なっていたと見るべきである。

ここで鮮やかな対比をなす発言を想起しなくてはならない。

A：「初代会長牧口〔常三郎〕会長がそうで、反権力で闘った。その次の戸田城聖会長から右寄りになった。自分がその軌道を左寄りに修正した」。

B：「今まではやや固定的に左であった路線を、本来の中道にきちっと戻すことだ」。

Aは、池田氏が一九七四年一二月に宮本顕治との対談で語った言葉である。この発言の前には「牢に入っていた人間は強い」とあり、後には「人間は牢屋に入らないとダメだ。その点、宮本先生を尊敬する。これからは兄弟のつき合いをしよう」とまで語っていた（松本清張『作家の手帖』三三三頁）。Bは、前記のように、市川雄一書記長の一九九〇年一一月の第二九回党大会での発言である（『50年の歩み』一五五頁）。

二つの発言は、一九七四年と九〇年であり、それから四半世紀以上も経っているが、基本的な流れは変わらないと言える。

一九九三年の細川護熙連立政権の発足の前日に、池田氏が創価学会本部幹部会で入閣予定者の名前をあげて「すごい時代に入りましたね」などと発言した。この発言を取り上げて、古川利明は「公明党がいかに池田の思いのままに動かされているかを表わしている発言」だと批判した（『システムとしての創価学会＝公明党』一〇六頁）。乙骨正生氏も同じように批判している（『フラタニティ』第一三号、一七頁）。だが、この推測は誤っている。全体的な流れを注意して観察すれば、事はそれほど単純ではない。一〇〇％適合する譬えはないが、読売新聞社のオーナー渡辺恒雄氏が、ジャイアンツの優勝を誇示したとしても、彼がジャイアンツの選手を統括しているわけではない。乙骨氏のような類推は、いわば「池田神話」を反対者の側から補強していると言える。

また、古川によれば、九四年九月には「池田大作が『理想は自公（自民党と公明党）』などと発言した」と『週刊文春』などですっぱ抜かれた（『シンジケートとしての創価学会＝公明党』一〇六頁）。だが、これらの発言が池田氏が創価学会や公明党を統括し牛耳っていることの論拠となるわけではない（発言の方向は誤っているが）。

これらの言動もあるが、池田氏は、一九八〇年代以降、公明党の活動には踏み込むことなく、SGIなどの国際的活動に重点を移し、核兵器と平和や環境問題についてだけ語るように自制するようになった。その典型的な現れが一九九六年に創価学会機関誌・月刊『大百蓮華』（聖教新聞社）に連載を開始した「法華経の智慧」であると考えられる。この連載は、全六巻に及ぶ『法華経の智慧』なる美装本として廉価で刊行され、創価学会のサイトでは主著として紹介されている。『法華経』は、西暦起源年前後にと推定されているインドで作られた大乗経典の一つで、「何よりも実践を要求する経典であ」る（末木文美士『日蓮入門』三三頁）。また、一九九三年から刊行され昨年九月に最終巻（三〇巻）となった『新・人間革命』が二〇〇一年の出来事で終わっていることも象徴的である。そこでは七九年の「4・24」とそれへの反撃についても書かれているが、九〇年代における池田氏の足跡についてはほとんど描かれていない。

さらに、創価学会には限らないが、日本人の政治意識のあり方も大きく作用している。第5節で略述したように、何事によらず、特に政治的問題については〈曖昧さ〉が美徳とされるほどである。だから、「はじめに」で「SGI提言」を取り上げた際に紹介したが、二見氏が話しているように、「学会は筋を通している。しかし、政治の世界は妥協が必要だから仕方ない」という態度が許容・蔓延することになる。

だが、私たちは、公明党の〈右転落〉を厳しく批判し、池田氏の「妥協」をそのまま支持することは出来ない。池田氏は、「SGI提言」を年に一度発するだけではなく、公明党の〈右転落〉を日常的に鋭く批判する義務を背負っているのである。

第7節　創価学会入信の初心を活かす

「はじめに」でも確認したように、私の主な関心は、公明党がどうなるかという問題よりは、創価学会の会員のなかに脈打っているはずの「平和志向」が活かされ広がることにある。端的にいえば、公明党がどうなるか、よりも公明党の支持母体である創価学会の会員の平和志向に着目するほうが良い。公明党指導部の質の良否ではなく、創価学会の会員の動向が彼らを規制していることをこそ見抜かなくてはならない。

創価学会と公明党は今後どうなるのであろうか。軽々に予見することは出来ないが、一方で「第三代会長池田先生」と尊称して持ち上げながら、他方では「一・二六提言」を無視する二枚舌を駆使する不正直な組織がこれ以上に成長することはないであろう。創価学会は宗教組織であるだけに、その教義の純粋性が保持されないならば、衰退するほかない。

創価学会に限られるわけではなく、宗教に惹かれ、そこに自分や周囲の貧困や病気などで窮境にある人の悩みからの脱出路を見出そうとする人は、人生を真面目に生きようと意志する人に違いない。そこで、キリストや釈迦や親鸞や日蓮やあるいは池田大作を見出し、彼らの教えに救い――心の安らぎを掴むのであろう。スポーツに長けた人、美術を好む人、社会科学に傾倒する人、周囲の人を労わる人……。千差万別の環境のなかで、人間はさまざまな必要・要求・関心によって、知識を習得し、生きる内実を創り出してゆく。創価学会の創始者・牧口常三郎の言葉でいえば、「価値を創造」してゆく（これが「創価」の意味である）。人、それぞれであろうが、この初心については尊重しなくてはならない。この初心を失うことなく、平和を希求する志向性を貫くことが大切である。第3節で明らかにしたような、公明党の右転落に対しては批判を加えなくてはならない。ただし、批判は慎重に、個人の恨みを晴らすためにではなく、内在的に行わなくてはならない。かつ針小棒大な言説は厳に慎む必要がある。

加えて、創価学会の場合には、その根源に前述のように実践を重視する法華経を軸に、鎌倉幕府を諌めた日蓮を置くがゆえに、政治への関心が強い。多くの宗教が現世でなく来世（「あの世」）での救済を説くのに対して、日蓮は現世での救済を説いた。「現世利益」と言われることが多いが、正しくは〈現世救済〉と表現したほうがよい（薬師寺、前掲、二一一頁）。したがって政治への働きかけを重んじることになる。だから、公明党が創出された。この志向性は活かされなくてはならない。政治に関わると汚れることになると思って、政治への関心を失うのは誤りである。あるいは、政治の変革に無関心となり、「何を努力しても無駄である」とする虚無的態度に陥ってはいけない。どうしたら良くなるのか、半歩でも前に進むにはどうしたら良いのか、と思案するほうがよい。

公明党から離党するかどうかについては、周囲の人間関係に配慮して選択するほうがよい。選挙では、候補者の良否にもよるが、別政党に票を投じたほうがよい場合が多いであろう。

では、公明党はどうすれば良いのか。ベストの選択は、自民党と手を切って、創成期に掲げた「人間性社会主義」の旗を再び取り戻すことである。そして、自民党に代わる新政権の誕生に向けて努力しなくてはならない。その際、〈閣外協力〉が不可避となる。なぜなら、「人間性社会主義」を政権構想として貫こうとすれば、連立の相手は存在しないからである。共産党と手が組めるとしても、この二つの党で新政権を樹立することはできない。野党第一党の立憲民主党は資本主義を是認しているからである（〈閣外協力〉は共産党にとっても必要である）。新政権に入閣しなくても、現実的で積極的な政策を提案することは出来る。第3節で見たような実績があるではないか。

先走ったことになるが、仮に公明党がこのようなベストの選択をした場合、私たちは歓迎こそすれ、「カメレオン政党」などと非難してはいけない。

公明党がどうなろうとも、創価学会員の「平和志向」が強められることを、私は希望する。日本政治のレベルを一歩前進させ、社会主義を志向することが、私たちの課題だと、私は確信している。

〈追　記〉

• 沖縄県知事選挙については、野原善正氏の「三色旗を掲げデニー勝利に貢献」（『フラタニティ』第一四号＝二〇一九年五月）参照。野原氏は参議院選挙東京選挙区にれいわ新選組から立候補して約二一万票（定員六議席で八位）を得た。

• 「閣外協力」の重要性については、拙文「〈政権構想と〉〈閣外協力〉の重要性」（『フラタニティ』第一五号＝二〇一九年八月）参照。

インタビュー

創価学会の初心に戻れ――国会議員の活動に踏まえて

二見伸明

沖縄でデニーさん勝利！

――まず、沖縄県知事選挙（二〇一八年九月三〇日）での玉城デニーさんの圧勝でよかったです。二見さんには「沖縄を自分の問題として考える会」の呼びかけ人になっていただき、有難うございました。二見さんはご自身のツイッターで何度も玉城デニーさん支持を呼び掛け、選挙告示日に「赤旗」に登場したり、「日刊ゲンダイ」に大きな記事が出て（九月二八日）、話題になりました。

二見　本当によかった。本来、地元の公明党や創価学会は、一貫して「基地のない沖縄」を願ってきたのです。沖縄の公明党議員は選挙の時には「基地反対」を主張して当選してきたのです。ツイッターでは「自民党の候補を応援することは、沖縄を半永久的にアメリカの基地にするということ。それでいいのか」と訴えました。予想以上に大きな反響がありました。

公明党本部は前回の選挙では自主投票だったのに、今回は日本会議のメンバーでもある佐喜真淳候補を支持して本土から動員をかけ、期日前投票に全力あげました。九月一〇日には会長の原田稔氏が沖縄入りしましたが、沖縄の選挙ならせいぜい九州の最高責任者程度で、会長が行くのは異例です。沖縄の公明党は辺野古基地建設に反対なんだから、前回同様、自主投票にすればよかったのです。

もともと、学会の池田大作名誉会長は著書『新・人間革命』で「核も基地もない、平和で豊かな沖縄になってこそ本土復帰である」と書いています。「基地のない沖縄」は創価学会の基本理念なのです。だから、沖縄の公明党、学会員は辺野古基地建設にずっと反対なのです。それが、今日から容認派を応援しろ、と言うのではおかしな話です。学会員の中には、「ハイハイ、分かりました」と素直に応じる人もいるでしょうが、「本当にいいのかな」と疑問を感じる人も多いはずです。だから、党本部の締め付けに反対して、デニーさんを応援する学会員が現れました。「赤旗」でも報道されました。玉城候補の演説会に、一人で学会の旗である「三色旗」を持った学会員の姿がありました。少数ながら行動に移す学会員もいるということです。黙ってはいても、内心は容認派を支援することについて疑問を持っている学会員は少なくないと思います。その結果、出口調査などでは学会票の三割もがデニーさんに投票したということです。これがデニー圧勝の大きな力になったのだと思います。

――開票直後に、勝利が確定したデニー候補の会場で「三色旗」が目立つように振られていました。NHKのニュースでしたから、影響は大きかったでしょう。

二見　宗教的な立場から言うと、この沖縄県知事選挙は仏道修行ではありません。候補者が公明党員でマジメな創価学会の信者であれば、広い意味で仏道修行といえるかもしれません。だけど、佐喜真候補は極右の日本会議のメンバーです。日本会議は創価学会と全く相いれません。佐喜真候補を一生懸命応援したからといって、功徳は絶対にありません。「佐喜真候補を応援すれば、功徳はあるよ。玉城なら罰が当たるよ」と誘導するのはパワハラです。

――現在の沖縄と基地の関係をどのように見ていますか。

二見　米軍基地でメシを食わせてもらっているという時代は終わったのです。一九七二年の沖縄返還前に、国会の委員会から派遣されて沖縄に行ったことがあります。学会が推薦した人から、「私たちも沖縄の基地の全面返還には大賛成です。だけど基地でメシを食っている人も大勢いるのです。言い方に気を付けてください」と言われました。確かに、五〇年前の沖縄にそういう側面があったのは事実です。基地関連収入が沖縄経済に占める割合は、一九七二年の本土復帰時には一五％もあったのに、現在はわずか五％に過ぎません。状況が違っているのです。米軍基地に依存しないで、メシを食っていけるんだという自信が出てきています。むしろ、基地は沖縄の経済発展の最大の阻害要因であることは、沖縄の経済界の共通認識になっています。例えば、基地がなければ観光はもっと伸びる。そうした認識をつくり上げたことは翁長雄志知事の大きな功績です。

――選挙の一〇日前に自民党総裁選挙で三選された安倍晋三首相には大打撃になるのではないでしょうか。

二見　翁長知事の誕生に続いて二度も明確に県民の意志が示されたのですから、大変です。しかし、安倍首相はリベンジを策しています。島尻安伊子氏を内閣府大臣補佐官（沖縄振興・子どもの貧困緊急対策担当）に任命したことです。彼女は、三年前の安倍内閣で内閣府特命担当大臣（沖縄及び北方対策・科学技術政策・宇宙政策）に任命されました。沖縄県出身の閣僚で四人目でした。ところが、翌年の参議院議員選挙で三選を目指して沖縄県選挙区から出馬したのですが、元宜野湾市長の伊波洋一氏に敗れ、落選したのです。来年の参議院議員選挙での返り咲きを狙っています。その布石として大臣補佐官に任命されたのです。沖縄の市町村長に対して、地方交付金の上乗せをエサにして自身への支持を働きかける戦術です。伊波氏と二人で「沖縄の風」として活動している糸数慶子さんの対抗馬です。知事選では二連勝ですが、市町村の首長は政権与党派のほうが多いですから、安心はしていられません。

安倍壊憲策動の危険性

――安倍首相が狙う壊憲策動にはどういう影響を与えますか？

二見　公明党の動向が非常に重要だと思います。山口那津男代表は、安倍首相の誘い――まず自民党と公明党で憲法改正案について検討する提案を強く拒否しています。二四日から始まる臨時国会でどうするかが問題です。私は二つの道があると考えています。

一つは、国会に正式に自民党案を提出して強行突破を狙うことです。臨時国会は会期が短いですから、継続審議にするか廃案にするかが問われます。この時に公明党がどうするかが焦点になります。継続審議に賛成すれば、それは自民党案支持に直結します。重大な選択を強いられることになります。

もう一つは、国会に自民党案を提出するのではなく、憲法審査会の幹事会に案を示してそのたき台を検討するやりかたです。野党が審議する必要がないと突っ張ることも可能ですが、そこで、自民党から最大の争点となっている「9条改憲」を引っ込めて、緊急事態条項についての改正に変更するという修正案を出す道があります。これだと、公明党の言い分を聞き入れたという体裁を作ることが出来るし、総裁選挙で負けた石破茂氏の意向にも合います。その場合に公明党がどうするのか、難しい選択を迫られます。私は、その危険性が高いと考えています。

「創共協定」について

――「昔の話」になるかと思いますが、一九七五年に話題となった「創共協定」について当時のことを教えてください。

二見　七〇年に藤原弘達の本をめぐっていわゆる「出版妨害事件」があり、池田会長が「猛省」を発表し、当時、公明党は「革新連合政権構想」を打ち出していました。共産党と激しく対立し論争もしていました。そういう流れのなかで、七四年末に学会と共産党のトップ幹部の間で秘密裡に協定が結ばれ、翌年、公明党にも知らされました。そのころ、私は浪人中で、公明党の中央執行委員でした。それで、池田会長から話がしたいという意向が伝えられ、八王子にあった学会の施設に行きました。私は、創価学会と共産党が協力するという「創共協定」には大きなロマンがあると考えていましたから、そう話しました。でも公明党指導部のなかでは私を除いて全員が「創共協定」には反対でした。公明党の中央執行委員会では参議院の法務委員会の委員長をしていた多田省吾副委員長が彼のところに伝えられる公安当局の意向――共産党との協力は許さない――を報告しました。公明党は七〇年代から参議院の法務委員会の委員長ポストをおさえていました。現在もそうです。当時、公明党のトップは竹入義勝氏でした。矢野絢也氏が書記長。彼らの働きかけで、池田さんは初志を貫くことができませんでした。結局、「共闘なき共存」という線で「創共協定」は「死文化」しました。池田さんにとっては不本意なことではなかったかと思います。

公明党の今後はどうなるか？

――公明党の今後についてはどのようにお考えですか。

二見　公明党本部は地方自治を全く分かっていません。本来、地方と国は対等な関係なのに、安倍政権は国が上、地方が下という上下関係でとらえています。だから、「国が言うことを全部聞け」と地方に押し付けます。今回の公明党本部の沖縄への対応も安倍政権とまったく同じことをしています。

沖縄の基地問題以外にも公明党は、安保法制や共謀罪など、学会の基本理念とまったく相いれない政策で自民党に全面協力しています。二代前の神崎武法代表以降、公明党は連立政権に入って政策を実現する路線に転じました。

基本理念に反する時は、ちゃぶ台をひっくり返して連立政権から引き揚げる、そういう度胸があれば、連立政権参加は一つのやり方です。しかし、公明党は連立離脱の構えすら見せない。二〇一四年の集団的自衛権行使容認の閣議決定に公明党はどれだけ抵抗しましたか。結局、自民党の言いなりで、創価学会は利用されるだけです。公明党は連立政権のブレーキ役にもなっていない。学会に対しては「もう生臭いところから手を引いて中立でいろ」と言いたい。

ある農家の学会員がこんな話をしていました。「公明党はイヤだ」と言うと、学会の幹部は「公明党が連立の中にいるから安倍政権が暴走しないんだ」と説明したというのです。これに対して私が、「共謀罪の審議で参院の法務委員長は公明党だったのに、共謀罪の強行採決を止めなかった。ブレーキ役という説明は三〇〇％ウソだ」と言ったら、その学会員は納得していました。最近は学会員でも選挙で公明党に投票しないという人が増えています。だから公明党の総得票数が減っているのです。昨年の衆院選の比例で七〇〇万票を割りましたが、これからさらに票が減るようなことがあれば、創価学会は公明党、ひいては政治との関係を本気になって考え直す必要に迫られます。

――「日刊ゲンダイ」の二見さんの記事には、聞き手の話として「共謀罪の成立直前に信濃町の創価学会本部周辺で、学会員五〇人にアンケートをしたら、七割以上の人が共謀罪を知らなかった」と書いてあります。学会員の政治意識はそれほど低いのでしょうか。

二見　昔は活発な議論があったように思います。例えばPKO法案について、学会員から「よく分からないから説明してほしい」と言われ、何度も説明に出かけました。今は、公明党が学会員に政策の解説をきちんとしていません。だから共謀罪もほとんどの学会員が知らないのです。公明党が言っていることだから信用してくれ、従ってくれというスタンスです。

毎年、池田さんは、創価学会インターナショナルの会長として「提言」というのを一月二六日に発表しています。今年も出ました。かなりの内容で、例えば話題の「核兵器禁止条約」について、日本も批准するようにと主張しています。これは、署名もせず批准を拒否している安倍政権とそれに追随する公明党のスタンスとは真逆です。学会員はどういう反応を示すかというと、「学会は筋を通している。しかし、政治の世界は妥協が必要だから仕方ない」ということになります。それではいけません。公明党に対して学会の基本的立場を貫けと主張しなくてはいけません。

ロマンを語る政治家の不在

――二見さんは、一九九四年末に新進党結成に参加し、九八年一月に自由党に参加して、総務委員長にも就きましたが、長い国会議員活動を通して日本の政治についてはどういう評価・印象を持っていますか。

二見　一九九〇年代は九三年に細川護煕連立政権が誕生したり、それがすぐに倒れて、新進党が出来たりすぐに解党したり、変動の激しい時期でした。大きく言えば、それまで社会党が主張していた「非武装中立」で良いのかどうかが問われました。公明党は、「自衛権はある」という立場で、「個別的自衛権はあるが、集団的自衛権は憲法違反で認めない」という立場です。基地の話で触れましたが、連立政権という戦術は、基本理念に反する時は、ちゃぶ台をひっくり返して引き揚げるという覚悟が前提です。それがいつの間にか「与党ぼけ」してしまったことが最大の問題だと思います。

それから、日本の政治全体で見ると、どの党にも壮大なロマンを語る政治家がいなくなったと言えます。二世、三世の世襲議員が増えて、高級官僚上がりや大企業のエリートが幅を効かすように変わりました。

共産党については、私の現役時代には「朝まで生テレビ」などで副委員長の上田耕一郎さんとも何度も同席し、収録後に会話したことがありました。共産党には党独特の「方言」が多すぎると率直に注文しました。志位和夫委員長とも話したことがありますが、「ストレス解消にピアノを弾くことがある」などと言っていました。書記局長の小池晃さんなど若い議員は、人柄もよく、気さくに会話できる人が多いと感じています。だから、国政選挙でも沖縄の選挙でも、私は支援行動に参加するし、「赤旗」も購読するようになりました。「赤旗」も私のことを報道します。

――貴重なお話をありがとうございました。

（聞き手：村岡到）

（季刊『フラタニティ』第一二号＝二〇一八年一一月、から）

高校生の時の池田先生との約束

石川美都江

私が創価学会の信仰を始めたのは、小学生の時ですから、もう六〇年近くになります。両親が熱心な信者でした。

人並みに人生の山や谷、命の危機も二度ほど乗り越えて今の自分がありますが、これらは信仰に支えられてきたためと本当に感謝しております。ただ、一つだけ、人生の総仕上げの年代に突入して、やり残した大きな問題を抱えています。池田大作先生と高校生の時に約束したことが、まだ果たせないでいるからです。その約束とは「もし将来創価学会が大変なことになった時には、創価学会を守る」と誓ったことです。そして、今の創価学会は、まさに、その「大変な時」を迎えていると思うのです。高校生だった私の想像をはるかに超えた「大変な時」を。

四九年前の創価学会――第二回高等部総会で

「創価学会を守る」――これが私と池田先生との約束になった経緯をお話しします。

高校二年の夏、昭和四四年（一九六九年）八月一五日、創価学会の第二回高等部総会が両国の日大

講堂で開催されました。全国の高校生が二万人も集まった盛大な総会でした。

池田先生は高等部に対してさまざまな指針をお話しされましたが、特に私の心に残っているのは、「戸田先生が宣言した原水爆禁止の運動を高等部の皆さんに引き継いでほしい！」と、私たちに訴える池田先生の強い強い思いでした。第二代戸田城聖会長は昭和三二年（一九五七年）九月八日、横浜・三ツ沢の競技場に五万人の青年が集まって開催された「東日本体育大会」の席上、歴史的な「原水爆禁止宣言」を発表しました。遺訓の第一のものです。核兵器の存在自体を絶対悪として「われわれ世界の民衆は、生存の権利をもっております。その権利をおびやかすものは、これ魔物であり、サタンであり、怪物であります」「（この）思想を全世界に広めることこそ、全日本青年男女の使命であるものと信じるものであります」と宣言したのです。

その恩師の叫びを胸に深く刻み、行動してきたのが、池田先生でした。私は先生のお話で、核兵器という悪魔の存在があることをこの時初めて事実として実感したのです。このままでは、人類の滅亡にまで発展するかもしれないということも想像しました。

最後に池田先生は「今回集まった皆さんと西暦二〇〇〇年の同じ日にまたお会いしましょう」と呼びかけて下さいました。ここでの参加者は「二〇〇〇年会」ということになりました。

この池田先生の提案には、本当に驚きました。私は友人と手を取り合って喜びました。

そのうち、日にちが経つにつれ、うれしいという喜びとともに、三〇年後、どんな自分になって池田先生とお会いしたらよいのかと真剣に考えるようになりました。「全員が大学に行きなさい」と言われても、当時から病弱で、経済的にも進学できる状況でもなかった私には、あきらめるよりありません。「世界で活躍するために一カ国の外国語の習得を」と言われても、まず、病弱の私には不可能でした。将来の自分の姿が描けず、池田先生のご期待にお応えできそうにもないと一人悩んでいました。

悩みながら、池田先生の高等部に対する指導集を読んでいた時、こんな言葉に出会いました。「もしも将来、創価学会が大変なことになった時には、立場は違っていても、一主婦でもいい、創価学会を守って欲しい」、「間違っていることは、間違っているという声を上げてほしい」と、先生は書かれていました。そのご指導に出会ったのです。

私は、これなら自分にもできる、最低限これだけは成し遂げたいと思いました。以後、これが池田先生と私との約束となりました。

池田先生の会長辞任のショック

それから五〇年近く、さまざまなことがありました。その私の信仰歴の中で、一番にショックだったことは、昭和五四年〔一九七九年〕に池田先生が会長を辞任されたことでした。それ以来、あの辞任劇がどうして起きたのだろうか？　この疑問は、今でも私の心の中で消えることはありません。

池田先生が会長を辞任したころから、タガが外れたように、私の地元では幹部が威張り始め、挙句の果てには会合を酒で盛り上げるようになりました。活動内容は、「聖教新聞」の啓蒙と選挙が主となり、一人ひとりの会員の幸福とか、悩みとかは関係なく、読者数とか選挙の得票とか数字が全てになり、それまでは活動の軸になっていた「座談会」（学会の会員が集まって交流する場）も活気がなくなりました。幹部は命令で会員を動かすことができると、会員を自分の家来のように扱うようになりました。

私は、そんな様子が目に余るときには、今こそ池田先生との約束を実行する時だと考え、「おかしいです」、「間違っています」と声を上げました。そういうことが重なり、周囲から反発され、やがて誰にも相手にされず、村八分状態になってしまったのです。

多くの会員は、組織の指示を素直に実行することが信仰であると信じ込まされ、誰も耳を貸しません。最近では声を上げた会員に対して、全国的に査問、役職解任、除名等が実行されるようになっています。

二〇〇〇年会の集会で池田先生のお話

二〇〇〇年九月一五日、八王子の創価大学池田講堂で、未来部総会、ドクター部総会、二〇〇〇年会が同時開催され、私は出席しました。池田先生はとてもお元気でした。

会合の初めに、池田先生は、壇上に並んでいた秋谷会長（当時）らに向かって「国家権力と戦う人は、国家権力から迫害を受けるんだ！　三代の会長はみな牢獄に入っている！　君たちも一度くらい入って来なさい！」と、語気を強めました。その時の先生の言葉は、まるで雷でも落としたかのような厳しさで、会場の全員が息を飲んで見つめていました。壇上の秋谷会長らは池田先生に向かってぺこぺこと頭を下げていました。

私はこの瞬間の出来事で、池田先生が一人で全てを引き受け戦ってきたのだ、壇上に並んでいる幹部方は、大事な時には権力を恐れて戦いを放棄してきたんだと理解しました。そして、心の中で「先生、ありがとうございます。創価学会を守るという約束を必ず果たしていきます」と誓いました。

池田先生が一人で戦ってきたということは、「聖教新聞」に連載され、この年に『桜の城』（聖教新聞社）として刊行された、先生の御本のなかに「嵐の『4・24』断じて忘るな！　学会精神を」として書かれていました。

後日、前に書いた会合は全国の学会の会館で放映されたのですが、池田先生が強く叱責した部分はカットされていました。秋谷会長らにとっては不都合なものだったからでしょう。

「創共協定」の捉え直し

どうしたら、池田先生との約束を実現することができるのか、悩む日々が続きました。どうしたら良いのか答えが出ない状況が続くなか、公明党は暴走し、二〇一五年九月に安保法制が国会で強行採決されました。

そんな時に、学会から解雇されて、学会を相手に裁判を闘っている「創価学会元職三人のブログ」を見つけました。そして、その裁判の傍聴に参加するようになりました。そして、六月の裁判傍聴の日に、傍聴の後の席で傍聴に来ていた村岡到さんと同席することになりました。村岡さんが書かれた『「創共協定」とは何だったのか』（社会評論社）を読むことになりました。

私の中では「創共協定」については、「創価学会と共産党が無用の争いをしないよう松本清張さんがまとめてくれた」という程度の知識でした。この協定を共産党に初めに持ちかけたのが池田先生だったことなど全く知りませんでした。

『「創共協定」とは何だったのか』を読んで、新しい発見がいくつもありました。例えば、「創共協定」の六項目の確認事項の内、第五項と第六項に次のように書いてありました。「5、世界の恒久平和が目的で、核兵器の全廃に向け協調する。6、日本に新しいファシズムをめざす潮流が存在しているとの共通の現状認識に立ち、懸命な英知を発揮しあう」。

この二つの事項に、特に私は注目しました。宮本顕治委員長と池田先生の描いた民衆のための平和国家の必須条項が、この二つの事項で確認できます。この二つの事項が「創共協定」に盛り込まれていたことを、組織は私たち会員になぜ知らせなかったのだろうか、と思います。

現在の政治課題としても、この二つの項目は重大な課題であると理解できます。いまや、自民党と連立した公明党が、平和憲法を無きものとする状況にまでなっているのですから、宮本委員長と池田先生の危惧は間違っていなかったのです。

また、創共協定制定の当時、公明党と池田先生との間に、パイプは無かったという事実にも驚きました。学会最高幹部と公明党には池田先生との間に大きな乖離があったのです。数年後、前に書いたように、先生は創価学会の会長を辞任させられるのです。

創価学会は、まだ五一歳とお若い先生を引退に追い込んで、実権のない名誉会長にしたのです。二度と戻ることがないように、会則まで周到に用意して、何を恐れていたのか。私の地元の幹部は「創価学会が権力から迫害されないように先生が公明党を作ってくれた」と私に言い放ちました。

しかし、四〇年もの年月が過ぎた今、私のような主婦にさえ見えてくるものがあります。池田先生が会長を辞任させられた「創価学会の五四年（一九七九年）問題」とは、師弟を分断することで学会の力を骨抜きにする権力の策謀だったのではないか。また、公明党と創価学会執行部の「反共産党、反創共協定」という立場は、現在、公明党が自民党との連立を組んでいることと表裏一体である、と思えるのです。創共協定は、社会に与えた影響も大きく、「警視庁が創価学会に対する監視を強めたのは、昭和五〇年の創共協定締結公表以来です」（『週刊現代』）と書かれるほど、いろいろと権力側からの圧力もあったのでしょうか。

私たちは、この現実から目を逸らしてはいけないと思います。

私は、村岡さんの著作によって、初めて「創共協定」とは、何だったのかを真剣に考え、当時の池田先生の想いを理解しようとしています。宮本委員長と池田先生の対談の本『池田大作・宮本顕治　人生対談』を入手し（アマゾンで八〇〇〇円もしました！）、読んでいます。もう少し、勉強してみようと考えています。

（季刊『フラタニティ』第一一号＝二〇一八年八月、から）

あとがき

前著『「創共協定」とは何だったのか』から一年九カ月、極小出版社を保持しながら、池田大作氏の『新・人間革命』全三〇巻（三一冊）などを読破し、本書を書き上げることが出来た。いくらかは池田氏の実像に近づいた気がする。叶わぬことではあるが、執筆しながら何度も池田氏とお会いしたいと思った。彼を師と仰ぐ方がたからの反応を期待する。

前著が機縁となって新しくいくつかの接点が生まれた。公明党の元副委員長の二見伸明さんのインタビューと石川美都江さんの一文をお二人の許可を得て収録した。深く感謝します。二見さんが、公明党の幹部のなかで唯一、「創共協定」にロマンを感じる人物であったと知った。出会えたことは、何か必然性があったのだろうか。

池田氏が創唱した「人間性社会主義」が改めて注目され探究されるように切望する。

独立したテーマごとに執筆したので、重複する叙述が生じてしまったが、許していただきたい。なお不十分な部分も少なくないだろうが、これからも〈宗教と社会主義との共振〉にむけて努力していきたい。

小著を刊行することが出来たことに深く感謝します。

二〇一九年八月六日　ヒロシマの日に

村岡　到

〈参照文献〉

1964　池田大作『政治と宗教』鳳書院。新版：1969、潮出版社
1966『日蓮大聖人御書十大部講義　第一巻　立正安国論』創価学会
1969　藤原弘達『創価学会を斬る』日新報道出版部
1969　央忠邦『池田大作論』大光社
1974　市川雄一『憲法三原理をめぐる日本共産党批判』公明党機関紙局
1974　浅野秀満『私の見た創価学会』経済往来社
1975『公明党ハンドブック』1975年度版、1976年度版、1979年度版、公明党広報宣伝局
1975　公明党機関紙局編『憲法三原理をめぐる日本共産党批判』公明党機関紙局
1975　池田大作『私の履歴書』日本経済新聞社
1975　上藤和之・大野靖之編『革命の大河――創価学会四十五年史』聖教新聞社
1975　池田大作・宮本顕治『池田大作・宮本顕治　人生対談』毎日新聞社
1977　公明党機関紙局編『続・日本共産党批判』公明党機関紙局
1980　創価学会教学部『創価学会入門』聖教新聞社
1980　山崎正友『盗聴教団―元創価学会顧問弁護士の証言』晩聲社
1980　日本共産党『創価学会による宮本委員長宅　電話盗聴事件の真相』日本共産党
1981　松本清張『作家の手帖』文芸春秋
1985「赤旗」特別取材班『黒い鶴への裁き　創価学会の犯罪』新日本出版社
1985　藤原弘達『創価学会・公明党をブッた斬る』日新報道
1985　有田芳生『現代公明党論』白石書店
1994　矢野絢也『二重権力・闇の流れ――平成動乱を読む、政界仕

掛人・矢野絢也回想録』文芸春秋社
1994　創価学会教学部『新訂版　創価学会入門』聖教新聞社
1996　池田大作『私の世界交友録』読売新聞社
1996　アエラ編集部『創価学会解剖』朝日新聞社
1996　日本共産党『政治経済総覧』1996年版、日本共産党
1996　池田大作『法華経の智慧』全六巻、聖教新聞社
1998～2018　池田大作『新・人間革命』全30巻（31冊）、聖教新聞社
1998　竹入義勝「秘話　55年体制のはざまで」「朝日新聞」8月26日～9月12日、12回連載
1999　古川利明『システムとしての創価学会＝公明党』第三書館
1999　古川利明『シンジケートとしての創価学会＝公明党』第三書館
2000　野田峯雄『増補新版・池田大作　金脈の研究』第三書館
2000　池田大作『随筆　桜の城』聖教新聞社
2000　末木文美士『日蓮入門――現世を撃つ思想』筑摩書房
2000　古川利明『カルトとしての創価学会＝池田大作』第三書館
2001　山崎正友『創価学会・公明党の犯罪白書』第三書館
2002　池田大作　アーノルド・トインビー『二十一世紀への対話』上・中・下。聖教新聞社。原著：1975
2002　創価学会高等部編『21世紀のパイオニア』第三文明社
2003　日本共産党『日本共産党の八十年』日本共産党
2004　山崎正友『創価学会と「水滸会記録」』第三書館
2004　島田裕巳『創価学会』新潮社
2006　島田裕巳『 創価学会 の実力 』朝日新聞社
2007　島田裕巳『日本の10大新宗教』幻冬舎
2008　玉野和志『創価学会の研究』講談社　☆
2008　古川利明『「自民党〝公明派〟」10年の功罪』第三書館
2011　「池田大作とその時代」編纂委員会『民衆こそ王者』Ⅰ　潮出版社
2012　中村元『日本人の思惟方法』春秋社
2014　古川利明『自民党〝公明派〟15年目の大罪』第三書館

2014　公明党史編纂委員会『公明党 50 年の歩み』公明党機関紙委員会
2016　薬師寺克行『公明党　創価学会と 50 年の軌跡』中公新書
2016　野口祐介・滝川清志・小平秀一『実名告発　創価学会』金曜日
2016　野田峯雄『さらば池田大作　消えた「上御一人」の跡』第三書館
2018　高橋篤史『創価学会秘史』講談社
2018　柿田睦夫『創価学会の変貌』新日本出版社
2018　日隈威徳『戸田城聖─創価学会　復刻版』本の泉社
2018　田原総一朗『創価学会』毎日新聞出版

〈村岡到関連論文・著作〉

1996　『原典　社会主義経済計算論争』での村岡到の解説
2004　「愛と社会主義」(『カオスとロゴス』第 26 号　☆
2005　「宗教と社会主義──ロシア革命での経験」 ☆
2009　「唯物史観から複合史観へ」(『生存権所得』に収録)
2010　「〈清廉な官僚制〉の創造を──ウェーバーの『官僚制』論を超える道」 ☆
2012　「戦前における宗教者の闘い」☆
2012　「親鸞を通して分かること」『親鸞・ウェーバー・社会主義』☆
2013　『友愛社会をめざして』の「回想」
2016　「レーニンとオーストリア社会主義」『ソ連邦の崩壊と社会主義』
2017　「社会主義と宗教との共振」(『フラタニティ』第 8 号)　☆
2017　「『創共協定』の歴史的意義とその顛末」 ☆
2017　『「創共協定」とは何だったのか』(社会評論社)　☆を収録
3018　「創価学会への内在的批判のために」(『フラタニティ』第 11 号)
2019　「公明党『右転落』からの脱却を」(『フラタニティ』第 13 号)
2019　「〈政権構想と〉〈閣外協力〉の重要性」(『フラタニティ』第 15 号)

〈人名索引〉

村岡 到（むらおか　いたる）

1943年4月6日生まれ
1962年　新潟県立長岡高校卒業
1963年　東京大学医学部付属病院分院に勤務（1975年に失職）
1969年　10・21闘争で逮捕・有罪
1980年　政治グループ稲妻を創成（1996年に解散）
ＮＰＯ法人日本針路研究所理事長
季刊『フラタニティ』編集長

二見伸明（ふたみ　のぶあき）
1935年生まれ　元参議院議員　公明党元副委員長

石川美都江（いしかわ　みつえ）
1952年生まれ　創価学会員　主婦

池田大作の「人間性社会主義」

2019年8月15日　初版第1刷発行
著　者　　村岡　到
発行人　　入村康治
装　幀　　入村　環
発行所　　ロゴス
〒113-0033　東京都文京区本郷2-6-11
TEL.03-5840-8525　FAX.03-5840-8544
URL http://logos-ui.org
印刷／製本　株式会社 Sun Fuerza

定価はカバーに表示してあります。 ISBN978-4-904350-62-1　C0031

ブックレットロゴス